场景供应链金融

将风口变成蓝海

胡淳一 金勇 赵媛 杨仁杰 著

人民邮电出版社

北京

U0680662

图书在版编目（CIP）数据

场景供应链金融：将风口变成蓝海 / 胡淳一等著.

北京：人民邮电出版社，2024. -- ISBN 978-7-115
-65060-3

Ⅰ．F252.2-49

中国国家版本馆 CIP 数据核字第 20241905H9 号

内 容 提 要

本书用通俗易懂的语言，详细地介绍了供应链金融的现状、运行机制以及社会价值，以便为从事相关行业的人员提供有价值的实践思路。

本书共三篇。第一篇为环境与现象，全面介绍供应链金融基础知识；第二篇为模式与场景，从不同角度探讨企业资金需求结构，以及银行的困难和问题。第三篇为业务风控与信息技术，对供应链金融的风控体系与相关科技发展等进行了分析。

本书适合企业高管、银行从业者、供应链金融研究者阅读，也可供对供应链金融感兴趣的读者参考。

◆ 著　　　　　胡淳一　金　勇　赵　媛　杨仁杰

　　责任编辑　马雪伶

　　责任印制　胡　南

◆ 人民邮电出版社出版发行　　　北京市丰台区成寿寺路 11 号

　　邮编　100164　　电子邮件　315@ptpress.com.cn

　　网址　https://www.ptpress.com.cn

　　北京建宏印刷有限公司印刷

◆ 开本：720×960　1/16

　　印张：16.5　　　　　　　　　　2024 年 12 月第 1 版

　　字数：215 千字　　　　　　　　2025 年 7 月北京第 3 次印刷

定价：99.80 元

读者服务热线：(010)81055410　印装质量热线：(010)81055316
反盗版热线：(010)81055315

供应链金融的本质是借助供应链运营的质量和信用，为产业上下游企业融资，进而优化整个产业链的资金流配置。在当今强调"稳链、补链和强链"的背景下，供应链金融更是发挥了举足轻重的作用。要想确保供应链金融切实有效地发挥作用，就必须让其深度融入和精准对接各个"场景"，以场景为依托，推动供应链金融服务模式创新。

在商业实践中，"场景"这一概念具有丰富的内涵与实践意义，它描绘的往往是企业、产品或服务及外部环境交融、交互的具体情境。场景是企业进行战略规划和战术实施的重要参考，是产品价值、服务功能与市场需求深度契合的关键联结点。同样，供应链金融的发展充分结合场景至关重要，实施场景化策略可以有效达成稳定产业链、弥补产业链短板、强化产业链优势的目标。具体来说，供应链金融所关注的三大关键场景——产业运营场景、科技创新场景及制度环境场景，不仅共同构成支撑供应链金融稳定运行的基础框架，而且是驱动供应链金融持续创新与深刻变革的动力源泉。

从**产业运营场景**维度看，供应链金融与实体产业的发展息息相关。因此，能否深度融入产业运营场景并紧密结合产业链实际来进行模式创新和发展，成为决定供应链金融能否持续健康发展的关键因素。我们可以将供应链金融与产业运营场景的融合过程划分为三个阶段。

第一个阶段是了解产业。这一阶段要求金融机构及其他金融服务提供者全面洞察各行业的特性，细致了解不同行业的运营规律、商业模式及技术应用状况，从生产制造流程到物流配送体系，再到交易结算环节，熟悉全产业链的运作机制。只有这样，供应链金融产品和服务才能切中企业的痛点和需求，避免将通用型金融产品简单粗暴地植入环境复杂多变的产业。

第二个阶段是服务产业。这意味着供应链金融对产业的理解不能停留在表象上，而是要依据产业特性和企业需求，量体裁衣，设计具有针对性的金融解决方案。深度融合产业特性和企业需求的金融产品与服务不仅能有效提升资金流配置效率，还能帮助企业优化运营结构，降低交易成本，从而促进整个产业链上下游协同发展。尤为重要的是，供应链金融的核心价值在于通过精细化的资金管理与流转优化，助力产业链中的中小企业改善现金流状况，确保它们能够持续稳健经营，进而维持整个产业链的稳定运行。

第三个阶段是发展产业。供应链金融应当紧跟产业发展的步伐，持续不断地提升服务层次，始终保持对产业动态和变革趋势的高度敏锐。在主动适应并引导产业结构调整与升级的过程中，供应链金融应致力于实现金融体系与实体经济的紧密互动和协同进化。为此，供应链金融不仅需要拓宽服务范围，还要深化服务内容。同时，供应链金融还应积极推动国际合作，助力我国产业在全球范围内优化布局。此外，借助创新的金融产品设计和服务模式，供应链金融能够有效降低企业的融资成本，提高资金使用效率，从而源源不断地为产业发展注入活力。

从**科技创新场景**维度看，供应链金融的发展离不开科技的赋能。随着时代的发展和技术的革新，供应链金融已从过去倚重核心企业或主体信用的单一模式，逐步进化为依托网络平台和产业生态系统构建的新型信用体系，这使得科技创新与数字化转型成为供应链金融变革升级的核心驱动力。

科技创新场景包含三个方面。第一个方面是围绕风险管理的科技解决方案。供应链金融涉及多个经营主体、经营环节、经营要素，以及多种经营资产，因此，信息不对称很容易形成，从而阻碍供应链金融活动的开展，这也是很多中小企业难以从供应链金融中受惠的原因之一。借助科技创新搭建高效、透明、安全的数字化平台，可以实现供应链交易信息实时共享、多方验证和智能化管理，为供应链金融风险管理提供坚实的技术支撑。第二个方面是围绕竞争力塑造的科技解决方案。科技的应用提高了金融产品的设计与交付效率，其中的智能合约、物联网等技术还可以用来实现对供应链全链条资金流、物流及信息流的精准监控与预测，进而衍生出更契合产业需求的、风险可控的创新金融产品和服务。第三个方面是围绕产业生态的科技解决方案。着眼于产业生态，意味着着眼于探索趋势、布局未来，也就意味着要积极运用 5G、边缘计算及人工智能等技术手段，拓宽供应链金融的服务范围，提升服务效能。在这一过程中，科技的应用场景不断丰富，有力推动着供应链金融从单一地提供传统融资服务逐步转型为平台，提供覆盖全产业链的综合性服务，从而构建一个结构更为紧密且智能化的生态系统。

实践中，许多行业、企业在构建供应链金融服务体系或平台时，不可避免地面临"信息孤岛"的挑战。因此，巧妙地应用科技解决方案打破平台间的壁垒，实现不同平台数据的互联互通，无疑是供应链金融未来发展的关键。利用科技创新的力量联结各个分散的节点，有助于形成更加开放、高效的全球供应链金融网络。

从**制度环境场景**维度看，制度环境对供应链金融具有规范与推动的双重作用。一方面，制度环境规定了供应链金融活动的行为边界和运作规则，以确保其在合法合规的轨道上稳健运行。另一方面，通过对行业发展趋势的洞察，制度环境会不断优化，为供应链金融的创新发展指明方向并创造条件。这种指导作用不仅可以激发供应链金融领域的技术变革和服务模式创新，还可以促进整个金融行业的可持续发展和结构优化与升级，从而更好地服务于实体经济，促进产业链各环节协同发展。

制度环境场景也包含三个方面。第一个方面是合规性。近年来，国家制定并实施了一系列详尽而严谨的法规以指导和规范行业实践。在当前的运营实践中，相关机构及企业必须充分理解和深刻把握法规内容，确保供应链金融活动在合法合规的基础上合理、高效地开展。第二个方面是规范性。为了保障供应链金融健康有序发展，一套全面而细致的标准／规范框架不可或缺。这一框架既应涵盖针对供应链金融业务特性的具体操作规程，也应包括行业层面广泛适用的标准和准则。积极参与规范性制度的制定与优化，并致力于相关标准环境的建设和维护，是推动供应链金融持续、稳健发展的途径。第三个方面是发展性。供应链金融相关机构和企业应切实响应国家战略部署及产业转型升级过程中的政策。不仅如此，相关机构和企业更要主动投身服务于国家战略实施和产业升级的具体实践，以驱动自身创新和发展，并促进产业高质量、可持续发展。

总之，深入洞察产业运营场景、科技创新场景及制度环境场景并有效应用相关解决方案，是确保供应链金融持续得到优化的关键。正因如此，我们强调供应链金融应当秉持的核心理念是"先产业后金融"，而不是"先金融后产业"。只有立足于产业链的实际需求、紧跟科技创新的步伐，并在符合国家政策导向与监管要求的轨道下运行，供应链金融才能真正发挥其连接实体产业与金融服务的桥梁作用，切实推动实体经济与金融体系深度融合，实现共同可持续发展。

胡淳一、金勇、赵媛及杨仁杰四位合著的《场景供应链金融：将风口变成蓝海》一书，在这一时代背景下应运而生，它全面展现了供应链金融与产业深度融合所催生的新趋势、新策略和新方法。该书并未止步于理论层面的探讨，而是深度吸取众多实践案例的精华，系统阐述了场景供应链金融的实际运作机制和实施路径，这使得本书具有较高的实践指导价值和参考价值。因此，我深感荣幸并乐于为本书撰写序言，期待它能够激发更多关于供应链金融领域的深层次对话与实践创新的火花。

宋华

中国人民大学商学院教授

畅销书《供应链金融》作者

在经济全球化和信息技术飞速发展的今天，供应链金融以其独特的价值和功能，正成为推动经济高质量发展的重要力量。它依托供应链运营开展金融服务，将供应链中的企业和金融机构紧密联系在一起，有效整合资金流、商流、物流和信息流，实现了运用供应链管理盘活资金，利用资金助推供应链升级。

只有综合考虑金融机构的风控诉求和企业的"综合付款周期"等核心问题，才有可能设计出符合实际需求的、具有良好适应性的供应链金融方案。场景化的供应链金融不仅能够为中小企业提供更为灵活的金融服务，还可以降低金融机构的风险，促进供应链上下游各方合作共赢。

本书以供应链金融的背景、应用、技术创新为主线，分为"环境与现象""模式与场景""业务风控与信息技术"三篇，全面系统地探讨我国供应链金融领域的关键问题和发展趋势。

作者用生动的案例和翔实的数据揭示供应链金融在企业的快速成长、困境突破及产业的升级中的关键作用，以敏锐的洞察力和丰富的经验深入解析金融与实体经济融合的新模式，为企业发展提供宝贵参考。全面了解供应链金融领域的现状、关键问题和发展趋势，可以为决策和实践提供支撑和指导。

在这个充满变革、挑战与机遇的时代，供应链金融已经成为我国经济高质量发展进程中不可或缺的因素。《场景供应链金融：将风口变成蓝海》一书的出版正当其时。它不仅展示对供应链金融领域的深刻见解，而且提供丰富的实践案例，为相关从业者提供有价值的实践思路。我很乐意为本书作序并深感荣幸。希望本书能够激发更多的创新和思考，推动供应链金融的进一步发展。

杨杭军

对外经济贸易大学

国际经济贸易学院副院长、教授

全球供应链逐步进入加速重构的时代。

全球竞争变得更加复杂化、多维化，商业环境的不确定性也随之增加。如何借助数字技术的发展及产业升级的加速，持续发展供应链金融，加强供应链的韧性和抗风险能力，是当下企业需要思考的问题。

供应链的数字化是全球供应链转型和重构的关键之一，而供应链金融的价值在于优化企业内循环、提高产业链整体的现金流效率和财资管理水平。

具体来说，可以围绕供应链金融的三个循环、一个链条、一个模式和一个生态的建设，发挥产融结合、以融促产的价值。

第一，打通业务与财务、财务与资金、资金与金融这三个循环，促进业务流、数据流、资金流深度融合。在复杂多变的商业环境中，业务、财务、资金一体化，对企业健康发展和保持竞争力至关重要。三个循环构成一体化的核心，三个循环相互依存、相互促进，共同推动企业和产业链发展。企业应坚决消除内部的"信息孤岛"，打破数据壁垒，实现数据流和资金流的畅通。这有利于提高企业的整体运营效率和市场响应速度，加快和优化金融资源在整个产业链中的流转和配置。

第二，强化交易—数据—信用这个链条，构建基于交易场景的数智化信用体系。交易是金融的本源和基础，可以通过对交易信息的沉淀、提取、分析，以及对交易进行服务延伸等，挖掘与提升交易的价值。供应链金融的基础是真实的贸易背景和交易。当前，大数据金融可以判断"能不能贷"，但是解决不了"能不能回"的问题。事实上，无论是供应链金融还是大数据金融，都只能解决局部的问题。供应链金融业务可开展的范围严重受限，难以形成具有普适性的解决方案，根本原因在于基于供应链的、合理的、有逻辑支撑的信用体系缺失。因此，我们需要关注企业的业务交易及交易链条中的数据，并且将这些数据转化为企业信用数据，为供应链金融业务的开展提供有力支撑。

第三，升级一个模式，实现嵌入式财资管理。如果说交易银行将金融服务嵌入企业经营，财务供应链将财务管理理念嵌入供应链管理，那么嵌入式财资管理则将业务、财务、资金和金融放在一起从整体视角看待，从而寻找企业金融资源调配的最优解。如果以全局视角将企业的交易链条可视化，那么企业经营者可以借此将隐患消除于萌芽阶段，让风险消弭于无形，从而减少企业的经营损失。

管控经营风险的目的是保证现金流、供应链和产业链的健康，尤其是现金流的健康。如果企业现金流出现问题，可能会无法按时支付供应商的货款，进而影响供应链的正常运转。因此，通过嵌入式财资管理管控经营风险，企业能够确保现金流具有稳定性和可持续性，从而为供应链和产业链的顺畅运转提供有力保障。

第四，构建一个生态，实现供应链金融生态向善、向上、利他而自利。在本书中，作者提出供应链金融对供应商的真正价值体现在综合付款周期开始的节点。由此可知，如果在财资交易的全链条贯彻数智贯通的思想，那么在科技加持下，核心企业、上下游企业、供应链金融服务商和科技公司可以形成一个全价值链的生态系统。若系统中的各方均秉持金融向善的理念，以功能性为先、盈利性为后为宗旨，就可以构建一个向善、向上、利他而自利的供应链金融生态。

供应链金融着眼于从金融视角解决企业资金短缺、资源配置低效的问题，本质是提升企业的财资管理能力。财务管理是企业管理的中心，资金管理是财务管理的核心。企业要高质量发展，需要金融机构持续提升服务意愿和能力，但归根结底企业要练好"内功"——善于财资经营、善用金融的财资力。

我于 2006 年提出财资力的概念，分析其内涵和机理，并在 2023 年联合浙江省总会计师协会、杭州电子科技大学会计学院、浙江省交通投资集团财务有限责任公司共同发起"浙江财资力提升工程"倡议，旨在以点带面，助力企业的高质量发展和财资力先行示范的建设。

财资力水平在微观上反映企业"体魄"的强健程度和企业的经营效益，在宏观上则体现金融与实体经济之间的往来效率和效能水平。提升企业和产业的财资力，需要做好三个工程：数智工程、连通工程、运营工程。

第一，数智工程。围绕数智化场景，通过数智化平台的建设，以及对数据价值的挖掘，实现全场景、全级次、全链条的数智化。

第二，连通工程。将企业原有的各种数据连通，并将数据连通拓展到供应链和产业链，实现在全局层面进行把控，将金融资源配置到具有战略导向性、全局影响性的业务或环节。

第三，运营工程。重构企业的运营机制，实现精细化经营。通过总部统筹、平台实施、基层执行"三位一体"的运营机制，提高管理决策链、生产经营链、客户服务链的运转效率，进一步增加战略决策支持深度、提升经营活动分析精度、加大财务风险管控力度。

本书创造性地提出了"嵌入的供应链公司"，是一本具有一定理论高度，同时注重实践的供应链金融领域专著。国际数据公司（IDC）认为，未来嵌入式金融服务无处不在，会渗入人们生活及工作的不同场景。金融机构需要在由监管机构参与、技术合作方协作的生态中，通过接通金融服务与场景，实现向开放金融的跨越。

在科技的全面加持下，金融服务实体经济的宗旨将会得到切实贯彻，嵌入式供应链金融的明天会更加美好！

包恩伟

浙江西湖财资金融科技研究院院长

浙江保融科技股份有限公司董事长

前言

本书是由四位作者共同完成的。笔者牵头确定主体脉络和结构，并展开各个章节的撰写，成稿后与另外三位作者共同对书稿进行商议、推敲和修改。所以，本书凝聚了我们四位对供应链及供应链金融领域的理解与认知。

我们四位各有工作成就和研究成果，涉及供应链体系、核心企业采购管理、银行贸易金融产品、供应链及贸易业务的风控结构等方面。本书呈现的内容丰富，案例具有代表性，集各家所长，避免失之偏颇。

我国经济想要高质量发展，就要找到更加适应且能促进生产力发展的创新模式，金融创新则是其中重要的组成部分。我们需要不断解决现实社会的金融需求，不断探寻合理的、各方共赢的金融结构。

具有普适性和安全性是各方愿意接受有价值方案的前提，因此需要站在各方立场分析问题、考虑问题，设身处地地理解和思考问题的内在因素和底层逻辑，找到多方共赢的合作生态，找到解决问题的办法。

在研究供应链金融的过程中，笔者一直抱着感恩的心聆听产业链中各方的心声，非常感谢一起探讨问题、分享经验的朋友们、领导们和专家们，感谢各位的帮助。借此机会，致敬一起探讨过、交流过、争论过的各位，再次由衷地对你们表示感谢！

胡淳一

目 录

第二章　**龙困浅滩：**
梳理困因，开启供应链金融扩展之路

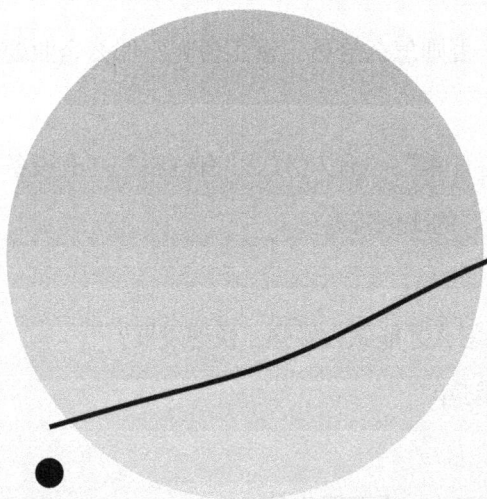

第一篇

环境与现象

在一次中小企业家的培训研讨会上。

讲师问："咱们办企业、经营企业的目的是什么？"

企业家们回答："挣钱""实现自身价值""活得更好"等。其中回答"挣钱"的比例是最高的，几乎占到95%。

讲师问："企业确实需要赚钱，否则怎么给员工发工资呢？那么企业要能赚钱，需要哪些关键的条件？"

企业家们回答："有资金""有订单""有人才""有创新""有设备"等。其中回答"有资金"和"有订单"的比例较高。

讲师问："除战略因素外，企业怎么才能做大做强，快速发展？"

回答基本都是一个："接更多的订单！"

讲师继续问："要想接到更多的订单，需要哪些条件？"

回答都差不多："有合适的产品或是创新产品，但是，因为大多有一定的回款周期，所以关键还要有能支撑承接更多订单的资金。"

讲师接着问："企业产品创新的主要路径是什么？"

归纳后的主流回答是："几乎没有从天而降的创新，创新大致会经历四个阶段。

"阶段一，有大量的订单，让企业能在某个领域持续深耕，进而不断招揽客户。

"阶段二，在领域内积累充分的经验，了解不同客户的需求及变化趋势。

"阶段三，不断总结提炼，糅合新技术、新材料、新工艺，研发更经济、更先进、更环保、更符合需求的产品。

"阶段四，逐步扩展创新的系列产品，进行迭代，增强创新能力。"

这段与企业家们的对话，反映出一个事实：企业要生存、快速成长，承接订单是核心。创新能够让企业拥有活力、持续运转。创新离不开大量的订单，没有大量订单的企业，几乎做不了任何有价值的产品创新。

企业要能承接更多订单，就必须有保障业务运转及增量业务运转所需的资金。流动资金就像是货车油箱里的油，直接决定货车一天能跑几趟、能送多少货。

第一章

风起原野：
流动资金，产业快速成长的支撑

应"天时"可事半功倍。

几乎所有的变局都源自底层的某个特殊因素，该因素悄悄地、不可逆转地推动着传统结构的变化。倘若能够透彻理解并利用这个底层因素，匹配生存法则和运作逻辑，企业就能获得巨大的推动力。

第一节　企业快速成长的秘密：突破承接订单的瓶颈

无论是大的集团还是小的企业，生存和发展都要"有订单"，创新也要"有订单"，有大量持续的订单才能积累和提升企业的创新能力，"创新"依赖大量订单。

企业在承接订单时，减少因为缺乏流动资金而错失商业机会的情形，成为扶持产业快速发展、培育创新土壤的关键。

一、金融脱虚向实，让企业别为钱发愁

完美的金融环境是，有订单就接，有需求就满足，有商机就别放过，有好点子就去尽力尝试，有好想法就去尽力探索。

如果有订单、有业务、有前景，却很难获得资金支持，那么实体企业就会"迈不开腿、走不动步"。换言之，如果企业家和创业者经过不懈努力和创新，终于找到一片蓝海，却整日为钱所困、为钱而愁，那就只能望"海"兴叹了。

站在银行的角度，如果对实体企业缺乏有针对性的风险控制方案，银行是万万不敢在没有抵押物的情况下就向企业提供资金的。银行的侧重点可不是"该不该贷"，而是"能不能贷"。

站在投资公司的角度，如果创业的成功率太低，投资失败的风险太大，那么再好的项目也要再三掂量。

站在政府的角度，若GDP（国内生产总值）只有M2（广义货币供应量）的一半，往往说明整个社会资金效率比较低，存在大量资金未能有效进入实体经济的情况。也就是说，实体经济获得的资金支持不足。

以上种种，综合反映的是社会的财资力状况。

1. 提升财资力，先要分清四类资金

厘清财资力结构需从企业需求的资金分类开始，并相应地梳理供给端的资金投放状况和环境。企业需求的资金分为股权资金、项目资金、流动资金和过桥资金这四种类型。这四种类型资金的获取条件、使用期限、来源、使用成本、获取难易程度不尽相同，如表1-1所示。

表1-1　企业需求的资金

类型	获取条件	使用期限	来源	使用成本	获取难易程度
股权资金	成长潜力大	没有期限	PE（私人权益资本）、VC（风险资本）、基金	永久收益分配权	近几年很难
项目资金	项目价值大	项目约定交付期或三年期、五年期	银行、债券、基金、信托、金融租赁	按年化利率计算（较低）	项目好就不难
流动资金	业务规模大且授信条件符合要求	业务周期（通常在一年内）	银行、保理公司、小额贷款公司、民间借贷	按年化利率计算（中等）	授信额度内容易，超额很难
过桥资金	有抵押物	超短期（一个月内）	转贷基金、民间借贷	按月利率计算（较高）	相对比较容易

上述四类资金对应的社会供给是否均衡通畅，会影响金融的底层环境。例如，流动资金的供给事关企业存亡，如果严重不足，企业会产生强烈的动机，

通过各种方法和渠道不计成本地获取，包括使用项目资金和过桥资金来弥补流动资金的缺口，但很可能导致出现其他风险。

由于这四类资金的获取条件、使用期限、使用成本和偿还方式不同，所以在管理上应该存在四条不同的供给、运行和使用的路径，若混在一起就容易产生问题。但是，现实中大多数企业将这四条路径混在一起，一旦管理不善，就会造成"短贷长投"，甚至会直接导致现金流断裂。

四类资金在不同的行业中，具体的表现形式会略有差异，但本质不变。下面以制造企业为例，对这四类资金的特点进行梳理和比较。

（1）股权资金对应的是企业的成长与未来

股权资金对应企业的成长性需求，企业筹措股权资金的能力（也称企业资本经营能力），对应的是企业在商业策划、目标制定、执行及运作方面的综合表现，是企业得以不断创新、成长的重要能力。融资成本最高的是股权资金，而最具财富效应的也是股权资金。企业按比例牺牲未来永久性的收益权换取发展空间，从融资成本来看，筹措股权资金的成本相比于其他任何融资方式都要高很多。

另外，筹措股权资金意味着分享未来的收益，引入战略投资和更多资源，可以使股东们一条心地尽力发展企业，"以时间换空间"，加快企业的发展速度。同时，股东们也能按企业成长的预期价值来衡量投入的资金，以达到财富倍增的效果。

（2）项目资金对应的是扩充产能

制造企业筹措项目资金，目的是解决在成长过程中，产能不足的问题或满足产能升级的需求，通过扩大产能、提高生产水平，弥补生产的不足和缺陷，从而用更强的业务承接能力支撑需要扩展的业务规模。

制造企业筹措建设项目所需的资金，需要基于项目达产后的收益情况进行评估。如"金融租赁"一般是将设备产权转移给金融机构，按期支付租赁费（偿还本息）的一种融资方式。金融机构往往会根据设备的折旧期限、投产后的收益状况和收益的稳定性进行评估。由于项目有明确的产出（固定资产），可使用项目产出的产权进行质押，用达产后的产出收益作为偿还资金的来源。清偿后，资产的所有权归企业所有。企业可以单独使用某个项目进行独立核算和融资，这意味着企业可以选择项目融资或选择股权融资，两种方式可能类似，但结果和付出的代价是完全不同的，股权融资的成本会高很多。

（3）流动资金只为解决企业的经营问题

企业的流动资金分为业务性流动资金和经营性流动资金两类。企业为承接订单采购生产原料、备料、零部件，则对业务性流动资金有需求；支付工资、水电费、税费、设备维修费、差旅费等其他费用，则对经营性流动资金有需求。

①将业务性流动资金与经营性流动资金分开管理，是企业的一种安全保障措施。

企业需要有两套独立的流动资金，一套保障业务的正常运转，另一套保障经营性的开支。企业业务正常运转产出的利润则用于经营性的开支。

如果业务性流动资金产出的利润，长期不能覆盖日常的经营性开支，就如同寅吃卯粮，企业很快就会产生严重的经营问题，进入恶性循环。

站在金融机构的角度，提供业务性流动资金和提供经营性流动资金的性质是不一样的，金融机构需要防止企业将业务性流动资金挪作经营性用途。

②业务性流动资金是企业"捕鱼的网"。

企业筹措业务性流动资金的需求往往是十分急迫的，企业在进行能否承接某一笔订单的决策时，对资金方案的可行性和资金到位的及时性要求都非常高。金融服务实体经济最需要解决的问题之一，其实就是如何有效地为企业提供业务性流动资金。

（4）过桥资金是应急所需

一般过桥资金需求的产生是比较突然的，而且资金需求急迫，所以企业对资金成本极不敏感。过桥资金解决的是资金衔接的问题，比如用于偿还银行贷款和解决续贷期间的短期资金缺口，或者是用作短期的投标保证金，解决应收账款和应付账款之间存在的超短期期限不匹配的问题，等等。企业一般需要提供足额的抵押担保才能借贷过桥资金，企业也可以选择民间借贷等。

2. 企业四类资金一旦内部产生错配，风险就会产生

如果企业不能有效地分类管理好、筹措好、运用好这四类资金，就会直接影响企业的运作水平。另外，在这四类资金中，相对而言，股权资金是适用范围最广的资金；流动资金和其他类型的资金（如案例1-1所示），如果在企业内部被交叉使用了，或者用途被改变了，很可能会出现还款方式和期限不一致，导致企业现金流出现问题，带来经营风险。

案例 1-1

资金没有分类管理，造成现金流断裂，企业破产

2010年笔者在一家大型商用车生产企业调研。交谈间了解到，这家企业排名前十的经销商数年间居然都纷纷倒闭了，其中最大的一家资产甚至已过百亿元。企业派专班去调查原因，得出的结论竟然是这些企业发展得过快了。

原来，那些年商用车市场竞争非常激烈，由于购买对象非常分散，大经销商掌握着市场的话语权，厂家被迫采取赊销模式，大经销商只需要支付30%的货款就能先提车，一个月后再付余款。而经销商基本先向客户收全款后交车，于是这些经销商手里囤积了大量的现金，并逐步购置了一些固定资产。

很多银行看这些经销商的资金比较充裕，也有固定资产，从而非常愿意给他们提供贷款。即使经销商不想贷，银行也会想办法鼓励他们贷。这样一来，经销商可周转的资金就更多了，于是经销商就开始考虑各种投资。当时比较热门的是房地产和水电站，于是很多资金投向了这两种利润较高的投资标的。房地产的资金占用周期大约是5年，而水电站的资金占用周期在10~15年，投入的资金一时半会儿是拿不回来的，而且还需要持续不断地投入。

但是银行贷款基本是一年期的，业务上的现金流是以月为单位投入的。经销商将资金投入房地产和水电站项目后，在项目没有正式交付之前无法变现、回款，而投入的钱也变成了钢筋水泥等，甚至还要不断地投入。最终各种因素叠加在一起，引发了经销商现金流断裂，造成企业破产。

这个案例体现了项目资金和流动资金一旦发生大面积错配，就有可能会引发严重后果。企业破产的原因可能有千万个，但直接原因只有一个，那就是现金流断裂。

3. 流动资金的供给矛盾十分突出

四类资金的供给结构中，股权资金、项目资金和过桥资金的供给相对充足一些，在实体产业中，流动资金的供给存在严重不足。解决"融资难""融资贵"问题的核心是增加流动资金的供给。

（1）股权资金方面

近年来国家努力推动股票发行注册制，增设了北交所，积极推动基金行业的发展，大力支持各种社会风险投资机构、私募股权基金等发展。在股权投资领域有众多国家资本，其通过孵化器、股权投资、混改和并购重组等各种形式，提供股权类的金融支持。企业只要有好的商业模型、广阔的市场前景、较大的成长空间，具备先进性和成长性，获得股权资金就会相对容易。

（2）项目资金方面

当下项目资金供给体系非常健全，政策性银行、股份制商业银行和城市商业银行等在项目融资领域都非常成熟，另外还有融资租赁、PPP（政府和社会资本合作）、EPC+F（设计－采购－施工总承包＋融资）、发展基金等各种形式的金融供给模式。

项目越优质越不愁钱，圈内人士常说"市场上缺的不是钱，缺的是好项目"。由此可见，项目资金的投融资环境相当成熟。

（3）过桥资金方面

国内几乎所有城市均成立了转贷基金，银行等金融机构还提供多种形式的过桥资金支持，包括投标保函等各种过桥类的金融产品，满足了很大一部分企业对过桥资金的需求。

（4）流动资金方面

中小企业融资难、融资贵问题，其实指的是业务性流动资金需求得不到有效满足，这一直以来都是我国金融体系当中供给与资源配置的短板。而且，业务性流动资金的供给问题，不仅仅是中小企业的问题，制造业中的大量上市公司也存在此类问题。

由于流动资金的供给不足，很多企业选择上市获取资金，这也是中国证券监督管理委员会最终放开上市公司股权募集资金用于补充流动资金范围限制的内在原因之一。事实上，使用股权融资来解决流动资金的供给问题，是成本较高的一种方式，并不划算。

——— • 小结 • ———

流动资金不足是众多商业模式创新企业、产品创新企业、技术创新企业，以及专精特新企业甚至上市公司面临的困境。这些企业即使获得了股权资金和项目资金，以及地方政府的政策帮扶，但由于缺乏流动资金，依然存在承接订单能力弱的问题。流动资金规模成为核心竞争力，直接影响企业的业务规模和发展速度。

要大力发展实体经济，助力金融供给侧结构性改革，支撑和推动产业链、供应链的变革和升级，建立有活力、有成长性的产业群，满足企业的流动资金需求，金融创新研究与实践具有重要价值。

二、不要让有订单的企业卡在资金问题上

好的企业是靠一个一个订单培养出来的，企业的能力也是在订单的累积中提升的。中小企业在采购时基本需要现钱现付，但销售回款有周期，易造成流动资金缺乏。又出于种种原因，中小企业在市场上低成本融资十分困难，其承接订单的能力就会变弱，承接的订单数量就会大幅减少，从而严重阻碍了中小企业的发展和创新能力的提升，如案例 1-2 所示。

案例 1-2

本来想开拓新市场，现实却让企业只能退回来

一次，笔者给一家年销售收入约 4 亿元的生产发动机曲轴的企业提供咨询服务，了解到这家企业是某国内知名的发动机龙头企业的供应商，经过多年的积累，拥有很多专业的核心技术。在当地政府的帮助

下，该企业吸收外部先进经验，更新了主要的生产设备，产品质量、生产制造水平都有大幅度的提高，于是想开拓新市场。

经过一段时间的努力，由于产品的各项指标都非常优异，该企业从国内其他发动机企业和热能汽轮机企业处获得了订单。可是没过多久，这家企业就停止了扩张，回到原点，还是只服务原来的客户。

停止扩张的原因只有一个：新客户和以前的客户一样，销售回款有周期，而企业自身的流动资金根本支撑不了多线供货。市场销售规模不是由产品决定的，而是由流动资金的规模决定的。企业即使产能足够，却因为流动资金不足而只能慢慢发展。

企业通过产品创新和管理创新提高了市场竞争能力，付出了艰苦的努力，也大力拓展了市场，争取到了难得的发展机会，却因为流动资金不足，不能承接更多的订单。

行业是有周期的，如果行业处在上升期，一定规模的企业就很容易做到快速发展、积累实力、乘势而上。而如果错失发展机会，等行业进入衰退期，企业业务规模就会严重萎缩，抗风险能力和平稳度过衰退期的能力就会比较弱，如案例 1-3 所示。

案例 1-3

终于，市场机会来了，可是没钱只能干瞪眼

一次笔者和圈里的朋友共同探讨供应链金融，认识了某省会城市一家专做塑胶跑道的公司的老板。该公司于 2010 年成立，当时是市里唯一的一家做塑胶跑道的公司，其每年能够接到几十笔订单，客户大都是公办学校。项目施工两周左右就能交付，除了 20% 的预付款，很多

款项至少要等半年才能收到，另外还要等两年才能收回 5% 的质量保证金。经过几年的经营，该公司积攒了一些资金，但只够维持公司的正常运转，所以不敢轻易地去外地接工程。

2015 年，全市开始快速普及塑胶跑道，大学、高中、初中、小学乃至幼儿园都要更换，一下子订单如暴雨般落了下来。

可是除收到一点儿预付款之外，所有的工程都要垫资，平均半年后才能回款。而且这次全市的投资量很大，市里的预算和拨款不一定够，回款的周期可能会更长。所以公司不敢承接太多业务。

该公司发展了这么多年，不仅积累了丰富的行业经验和业务能力，还创新了很多针对塑胶跑道施工的新工艺、新办法和新工具，可是即便大好的市场机遇终于来了，却因为流动资金不足，只能干瞪眼。

没多久，市里陆陆续续出现十多家同行。可是，两年后市场总订单量骤减，同行纷纷倒闭，全市只剩下了包括这家公司在内的两家公司还在经营。

如果有合理的资金供给路径，这家公司就能够凭借多年的积累，抓住市场机遇，快速崛起，进而不断地拓展市场，将多年的行业经验和技术打造成核心竞争力。

但由于缺乏流动资金，市场被多家公司瓜分，不仅每一家公司都吃不饱、做不精、长不大，而且这些公司普遍都存在效能低、管理水平低、发展速度慢等问题，且容易出现商业纠纷，对社会产生不利影响。

有人说："市场需求增加了，由于企业缺乏流动资金，有多少钱做多少事，业务正好可以分给其余的中小企业，对带动就业也有好处。"其实，如果一两家成熟的中小企业成长起来，提供的就业岗位不见得会比几十家新成立的中小企业提供的就业岗位少。

成熟的中小企业的发展如果上了一个台阶，会带来多层次就业岗位，从技术上、专业上、管理上产生中高级人才的需求，给有经验的人才更大的发展空间，鼓励基础性人才成长。

更重要的是，能够成长起来的中小企业，一般而言，生存的周期会更长一些，抗风险能力也更强一些。企业有了一定规模后会精心维护市场口碑，其创新能力和管理水平也会得到大幅提高。

当市场机遇到来时，应鼓励那些脚踏实地、扎根于该市场的成熟企业做大做强，而不是让投机性企业或个人借市场机遇捞一笔钱就跑。

——— • 小结 • ———

案例 1-2 中，企业在产品创新后，拓展市场时遇到困境；案例 1-3 中，面对市场机遇，企业无奈错失成长机会。这两种现象在社会上都是普遍存在的，表现形式虽然各不相同，但都表明了：在中小企业生存和成长中，承接订单（特别是增量业务）所需的流动资金匮乏，是限制其发展的主要因素。

三、银行传统流贷未能有效支撑企业承接订单

目前，大部分实体企业获取业务性流动资金，主要依靠银行的流动资金贷款（简称"流贷"），流动资金需求没得到专业、规范、有力、精准、匹配的金融支撑。其根源是银行的传统流贷，并未与企业承接订单的资金需求精准匹配，银行也没有针对按笔发生的流贷专门设计风控方案。

近年来，各家银行都在大力开展普惠金融业务，普惠金融一般界定上限为单户 1000 万元，但绝大部分企业获批的额度只有 100 万~200 万元。而只要企业正常经营，大概率不会不还，贷款变为不良贷款的可能性较低。但是，普惠金融并不能完全解决中小企业承接订单的流动资金需求问题，仅能小幅缓解企业的资金压力。普惠金融要真正做到满足业务性流动资金需求，额度和方式都需要进行适配性调整。

银行现行的流贷，在银行所提供的融资品种中是较基础的一种，风控水平和手段已经非常稳定和成熟，但是面对践行金融供给侧结构性改革、向实体产业倾斜性地进行结构性调整，银行并没有很好地开展适应性优化和调整，主要存在以下三个方面的不足之处。

1. 依靠担保物，金融支撑灵活性不足

传统授信审批模式中，银行由于没有对企业的业务及还款来源直接有效的管控抓手，大多数时候只能选择抵押物和担保物作为基础授信条件，而中小制造企业不同于房地产企业，缺乏的恰恰就是抵押物和担保物，如案例1-4所示。

案例 1-4

新增订单时企业流动资金的筹措过程

某建材生产企业拟新增一家长期性的大客户，需要签订供货协议，根据协议约定，回款周期在 45~60 天。这家企业采购原材料需要先付款再提货，于是根据资金投入及占用情况，对流动资金进行了测算，测算出需要分别在两个月筹得共计 5000 万元的资金，第一个月需要准备 2200 万元，第二个月需要准备 2800 万元。为完成该订单，企业通过各种渠道筹集资金。

①内部财务上，一个月内可协调自有资金 1200 万元。

②将留存备用的估值为 2000 万元左右的抵押物进行抵押，通过银行获得流贷，能从银行贷得 1400 万元。

③可以通过股东、合作伙伴和社会渠道马上筹措 2400 万元。

经过测算和筹措，企业能够完成该笔订单，于是与客户签订了长期供货协议，开始供货。两个月后，根据资金准备和实际的采购支出情况，企业以月为单位，对流动资金进行测算，并进行了阶段性业务回顾，如图 1-1 所示。

案例 1-4 中的企业具备一定实力，客户回款稳定，企业能从银行获得小额融资。通常，企业的自有资金不可能长期闲置，基本都会投入业务中。如果筹措的资金不足，只有等回款后才能继续供货，中途一旦要承接新的订单，就会产生新的流动资金需求，如果筹措不到足够的流动资金，就无法承接新订单。这样的金融供给环境，存在以下四个方面的问题：

①没有与业务的实际资金需求相关联；

②需要抵押物，迫使企业重资产；

③股权质押成为股市震荡的放大器；

④形成担保圈，累积系统性风险。

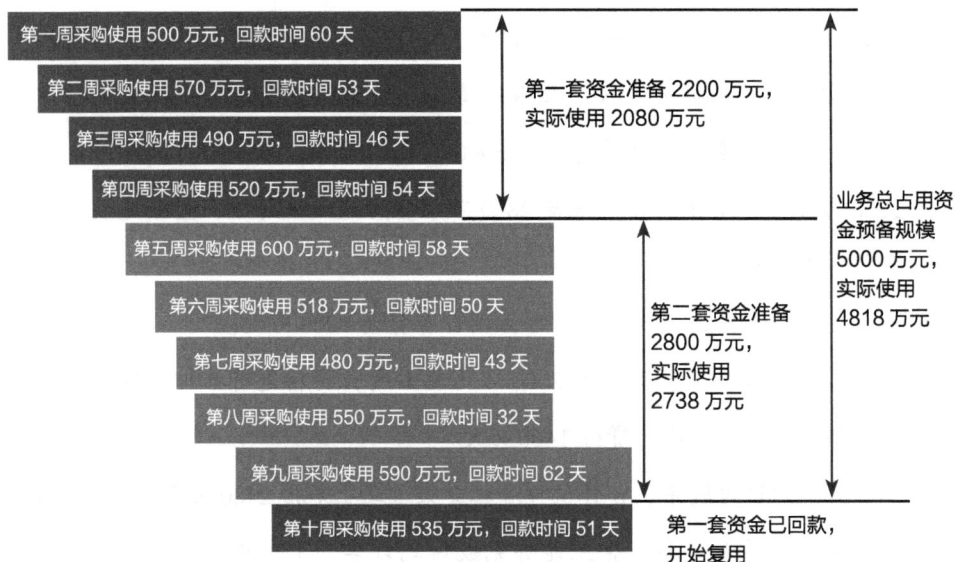

图 1-1　企业流动资金计划

如果银行基于抵押物和担保物提供融资，那么制造企业从银行贷得资金是非常困难的。为此，社会上成立了很多的担保公司，但担保公司要求企业提供反担保，这不仅没有起到扩大融资规模的作用，反而额外增加了企业的融资成本。

这种基于抵押物和担保物提供信贷的风控措施，在银行中称为"他偿性"，意思是一旦融资主体出现偿付问题，银行将启用法律诉讼，通过冻结和拍卖抵押物、行使追偿权、追索担保条件等其他偿付性措施来弥补本息损失。

2. 传统流贷推高了企业的实际资金使用成本

银行提供的流贷，基本以年作为信贷资金的期限，而非完全对应企业业务的实际用款周期。这种提供资金的方式，会推高企业的实际资金使用成本。

①企业获得融资后，不一定立即全额投入业务，这样资金会闲置一段时间，但利息已经开始全额计算。

②资金被投入业务之后，从上笔业务进入下一笔业务需要一定时间，因此资金会闲置一段时间。

③企业季节性资金富裕时，由于对银行审批放款有顾虑，企业往往选择不提前还款，这样一来就会存在资金闲置。

④融资期限快到了，为了偿还贷款办理续贷，很多企业不得不暂停业务，收回货款，这对周期性滚动发生的业务会产生严重干扰。

⑤收回货款不足的企业需要四处筹措资金，甚至不惜拆借高利息的过桥资金，以满足银行的按期还款要求及续贷审批放款所需时间周期内的资金需求。

这些资金使用问题，致使企业从银行获取的资金并没有充分有效地发挥价值最大化作用。

资金管理运作非常优秀的企业，在业务回款比较稳定的情况下，资金利用率最高可以达到70%，而企业普遍的资金利用率只有50%。管理不好的企业，资金利用率只有30%。假设企业获取银行流贷等的年化利率为5.5%，企业的资金利用率按50%计算，实际的年化利率则为11%。

很多企业的资金利用率和周转率不高，根源是融资额度和期限与企业的实际流动性需求不匹配。

虽然一些银行进行了放款方式的优化，将信贷投放的给付方式从一次性放款调整为分次分批按需付款给企业的上游供应商，目的是监管融资资金的用途，但并未管理企业的收入端。按期限还款，企业依然会产生大量闲置资金，不仅增加了资金的使用成本，也增加了资金被挪用的可能性。

3. 如发生银行抽贷，将冲击企业经营

银行提供流贷前，要进行信贷评估和审批，只对符合条件的企业提供流贷；到期时会做续授信，符合条件的企业才能继续保持授信额度，否则授信额度会大幅降低或取消（俗称"抽贷"）。

抽贷有两种形式。

第一种是贷款还未到期，银行突然要求提前还款（这种情况非常少见，除非是在极特殊的情况下）。

第二种是企业到期偿还贷款后，银行停止续贷或降低授信额度。

换言之，企业的健康状况本身就是个变量，在一个变量上进行阶段性风险度量，好似"用卡尺量流水"。用一个区间性的信贷结构去控制一个经营变化较大的对象时，风控方案是极难设计的，风险自然也就很难管理。

———— ● 小结 ● ————

传统流贷所产生的问题，不仅存在于中小企业的流动资金供给中，也存在于上市公司等大型企业的流动资金供给中。银行现在通过普惠金融已经做出了很多力所能及的努力，借用大数据深入研究和挖掘，为中小企业提供了多种方案的融资支持。但是，在解决融资难、融资贵问题方面依然还存在很多问题，银行需要从实体企业的实际需求出发，从场景化解决方案入手，探究更有效、更便捷、更有针对性的解决方案。

四、对于实体产业流动性供给，供应链金融独具优势

供应链金融方案的设计需要基于业务的资金流、物流、商流和信息流，以促进产业链、供应链的良性循环，有效提高资金利用率及周转率，带动链上的各个企业稳步发展。供应链金融方案基于真实的业务背景，可将以往大额长期的信贷资金变为小额短期的单笔信贷资金，解决链上中小企业融资难、融资贵的问题。供应链金融是当下比较热门的领域，各家金融机构纷纷推出的很多场景化的金融产品，一般是基于"物权"和"债权"两大类模式进行延展开发的。

1. 物权类

物权类供应链金融，是以仓库中的物权作为质押物进行担保而获取融资的方式，也就是将物权的处置权及物权持有人的主体信用作为第二还款来源的一种金融形式。物权类供应链金融主要分为"库存物权"和"在途物权"两种类型。其主要产品有存货（仓单）质押融资和保兑仓。

（1）存货（仓单）质押融资

存货（仓单）质押融资是利用存货或货权质押进行融资的一种类型，简单来说，是指需要融资的企业（借方）将其自有或第三方合法拥有的存货作为质物，向资金提供方（贷方）出质，同时将质物转交给具有合法保管存货资格的监管企业（监管方）进行监管，以从贷方获得贷款的业务活动，是有物流企业参与的动产质押业务。存货（仓单）质押融资主要采取静态监管模式和总量控制模式。

在存货（仓单）质押融资中，"卖得掉、管得住"是重点，但现实往往是"卖不掉、管不住"。自 2006 年大宗商品价格开始产生剧烈波动以后，每年都会有关于存货（仓单）质押融资的经济案件，而且涉案金额巨大，少则上亿元，多则几十亿元。很多仓库和监管企业开发标准化电子仓单，就是希望建立能够

实现"卖得掉、管得住"的仓库管理信息化系统，但这种方案依然很难解决一旦发生不良贷款，金融机构就会快速处置货物的问题。

（2）保兑仓

保兑仓是针对库存物权开发的一种金融产品，是以银行信用为载体，由银行控制货权，仓储方受托保管货物，银行承兑汇票保证金以外金额部分由卖方以回购货物作为担保措施，由银行向供应商（卖方）及经销商（买方）提供的以银行承兑汇票为结算工具的一种金融方案。

对供应商（卖方）而言，首先解决了产品积压问题，扩大了产品的销售份额，从而获得了更大的商业利润；其次锁定了销售渠道，在激烈的市场竞争中取得了竞争优势；再次无须向银行融资，降低了资金成本；最后减少了应收账款的占用，加快了回款速度。

对经销商（买方）而言，银行为其提供了融资便利，解决了全额购货的资金困难问题。买方可以通过大批量订货获得生产商给予的优惠价格，降低购货成本；而且对于销售季节性差异较大的产品，可以通过在淡季批量订货，旺季销售，获得更高的商业利润。

保兑仓是适配仓库中的存货及货物进出比较频繁等情况的供应链金融方案；存货（仓单）质押融资是适配货物在一段时间相对处于静态，或是在进库量和出库量相当时，提供的供应链金融方案。

2. 债权类

债权类供应链金融是以债权债务关系设计的金融方案。"债权"作为卖方（供应方）拥有的应收账款权利，体现为买方（采购方）的"债务"。

另外，债权类供应链金融需要将信用作为第二还款来源，依托于类似"交易信用＋主体信用"的结构。其中信用的来源分为两种情况。

①使用"买方"（采购方）的信用，称为"买方信贷"。

②使用"卖方"（供应方）的信用，称为"卖方信贷"。

"买方信贷"和"卖方信贷"表明了信用额度的来源，可适配很多的金融产品。

（1）保理

"保理"也称卖方保理[①]或正向保理，是指债权人将应收账款的债权转让给银行或保理公司，银行或保理公司为其提供应收账款管理、应收账款融资、应收账款催收和承担应收账款坏账风险等中至少一项的综合性金融服务。保理是将供应方的应收账款作为第一还款来源，将供应方自身的信用作为第二还款来源，开展的应收账款融资等服务。由于应收账款可能来自多个不同的客户，银行没办法一一锁定回款，所以绝大部分的保理业务都基于供应方的综合授信情况，以将所有应收账款的"债权"整体买断（俗称"池融资"）的方式来提供融资。保理的操作流程如图1-2所示。

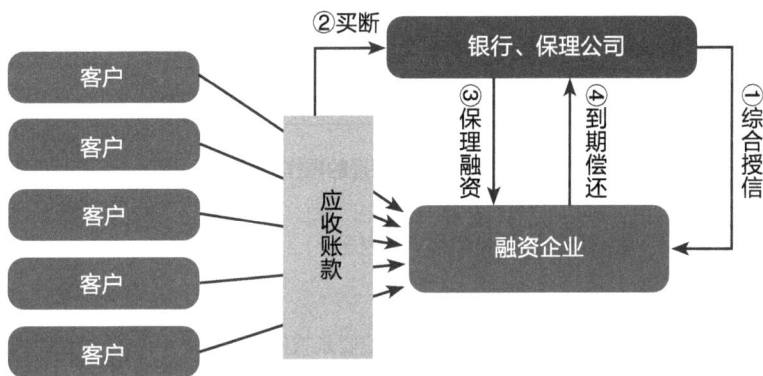

图1-2　保理的操作流程

保理由于需要使用供应商的授信来开展业务，因此很难向广大的中小企业推广。保理主要的使用场景是向信用度高的上市公司开展应收账款出表业

---

① 很多官方编写的图书中使用的是"卖方保理"，但大部分银行和保理公司基本称为"保理"。本书沿用传统称呼方式，继续使用"保理"。

务[①]。

（2）反向保理

"反向保理"也称买方保理[②]，是银行基于采购方（核心企业）的信用，将采购方确认的单笔应付账款作为第一还款来源，将采购方的信用作为第二还款来源，给供应方提供的融资服务。

大部分情况下，反向保理基于单笔的业务，不属于池融资的范畴，是一种自偿性[③]的信贷结构。

反向保理的操作流程如图 1-3 所示。

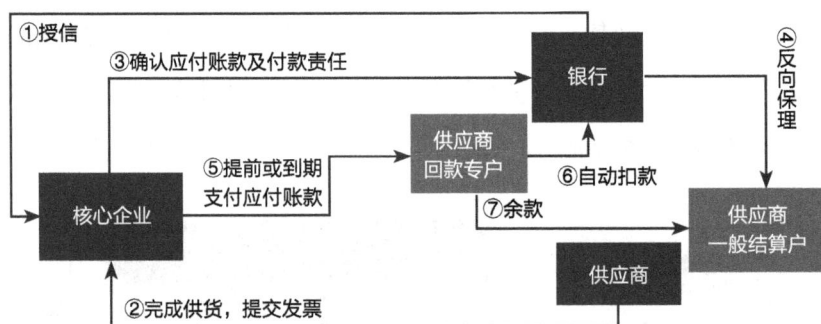

图 1-3 反向保理的操作流程

①银行给核心企业进行专项额度的授信。

---

① 基于上市公司的信用，将其真实存在的应收账款作为还款来源，银行提供保理融资，帮助上市公司提前获得资金，在保理期限内上市公司收回应收账款后，即偿还给银行。上市公司财务报表中的"应收账款"项目中的金额转移为可支配现金，保理融资计入"或有负债"项目。如果上市公司的客户非常优质，回款有保障，银行可对上市公司开展"无追索权"的保理，则上市公司的财务报表中，可以直接将保理金额从应收账款表内移至可支配现金。此两种方式均称为应收账款出表业务。

② 反向保理在业内使用比较普遍，也便于与保理区分。买方保理大都出现于官方和学术场景中，与卖方保理对应使用。

③ 债权类供应链金融通常是自偿性的融资，简单来说，自偿性就是还款来源非常优质，期限内会自动还款，即使出现偿还问题，也不需要通过拍卖其他抵押物来还款。而基于拍卖抵押物的方式来偿还本金的，称为"他偿性"。对银行而言，自偿性的融资要远远优于他偿性的融资。

②供应商根据与核心企业的合同及订单，完成供货，并按照核心企业的要求提交发票。

③核心企业将发票及供应商信息提供给银行，向银行确认该笔应付账款真实存在，以及一定会在多长期限内支付的明确意愿，并确认款一定会付到银行指定的供应商回款专户。

④银行根据核心企业确定的应付账款期限、金额及比例，锁定安全的还款来源，向供应商提供反向保理。

⑤核心企业可提前也可到期支付应付账款到指定的供应商回款专户。

⑥银行自动扣款，完成结款结息。

⑦银行将供应商回款专户中的余额，转到供应商的一般结算户。

反向保理最显著的特点就是可以提前还款。采购方在确认的期限内，提前支付了应付账款，银行按约定可以提前收回贷款，提前结束信贷，利息按照实际的使用时间计算，这一计息方式称为"后计息"。"前计息"指的是贷前收取或是没有提前还款路径，仍按原定期限收取利息。例如收到 6 个月期限的票据，马上贴现也是 6 个月的贴息。

有一点需要特别说明，核心企业确认应付账款不是核心企业的融资行为，不计算负债率及杠杆率。同时，确认原本就存在的应付账款，是确认该应付账款真实存在，在财务报表中不需要额外增加"或有负债"项目。

反向保理由于具备各项优点，是供应链金融的重点研究方向，但由于很难获得核心企业的接受和配合，暂时没有被大面积推广。

3. 凭证类

凭证类供应链金融将交易金额、交易对手、结算期限、承兑主体和信用主体固定下来，结合在一起形成了一种可以通行的、可流转的金融凭证。凭证类供应链金融分为票据和信用证两种形式。

（1）票据

"票据"分为"银行承兑汇票"和"商业承兑汇票"两大类，最长期限为6个月。

"银行承兑汇票"是由银行承诺到期付款，把企业之间的商业信用转化为银行信用的票据。对企业来说，收到银行承兑汇票，就如同收到了到期就能取得的现金。

"商业承兑汇票"是由企业承诺到期付款，在信用等级和流通性上低于银行承兑汇票的票据。

"票据贴现"是指持票人在票据到期日前，贴付一定利息将票据权利转让给金融机构而取得资金的行为，是持票人提前获得资金、融通资金的一种方式。

"银行保贴的商业承兑汇票"，相当于将商业信用转化为了银行信用。保贴是指对符合银行授信条件的企业，以书函的形式承诺（或在票据上记载银行的承诺）为其签发或持有的商业承兑汇票办理贴现，即给予保贴额度的一种授信业务。

申请保贴额度的企业既可以是票据承兑人，也可以是票据持有人。银行对商业承兑汇票加具保贴函（或在票据上记载银行的保贴承诺），会使得商业承兑汇票的流通性大大提高，基本上可视同于银行承兑汇票。

"票据背书"是指持票人为将票据权利转让给他人或者将一定的票据权利授予他人行使，而在票据背面或者粘单上记载有关事项并签章的行为。背书按照目的不同分为转让背书和非转让背书：转让背书以持票人将票据权利转让给他人为目的；非转让背书的目的是将特定的票据权利授予他人行使。

（2）信用证

信用证是指由银行（开证行）依照申请人的要求和指示，凭符合信用证条款要求的单据，向信用证受益人或其指定方履行付款义务的书面文件，即银行开立的有条件的付款承诺文件。

用通俗的话来说，买货的企业担心提前给了钱，对方不发货或者发过来的货不符合要求，而卖货的企业担心先把货发了，运到地方以后，对方不给钱。于是买方找银行用自己的信用开立一张信用证给卖方，只要货到以后没有问题，单证相符、单单相符，卖方就可以用之前收到的信用证在银行兑付资金。

信用证可分为"国际信用证"和"国内信用证"。从信用证申请人角度来讲，国际信用证又称进口信用证，企业从境外及从境内的自由贸易试验区、出口加工区、保税区等特殊经济区域采购时，经常选择进口信用证作为支付结算工具。

信用证因为有银行信用做保证，可以有效解决买卖双方互不信任的问题，是三大国际结算方式之一。国内信用证起源于国际信用证，在实务中，国内信用证的融资功能运用频率非常高，在贸易背景真实性审核方面要求更加严格。

———— • 小结 • ————

综合上面介绍的供应链金融产品来看，供应链金融这一金融品类，产品及模式很多、适用场景很多，而且在现实经济活动中，并不是所有的供应链金融产品都有效，或者说，目前其供给的资金规模和比例还很小。

本书的核心目的是探寻供应链金融产品的创新模式及可行性，由于篇幅所限，只能简单描述供应链金融的主要类别和结构，读者如想深入了解具体的产品，请查阅其他资料。

第二节　盘点供应链金融：模式及效果

近二十年来，国内众多的银行、技术公司、贸易公司，开展了供应链金融方面的研究与实践，投入了大量的人力、物力，取得了很多成果。要彻底了解供应链金融研究的全貌，我们需要将相应研究成果分类整理。

一、链主企业（海尔）：采购端自金融模式

自从海尔在国内率先为其供应商提供了供应链金融服务以后，众多的制造企业纷纷学习，包括美的、格力、TCL 等大型家电企业，也包括国内各大汽车集团等，几乎国内所有大型制造企业都陆续成立了财务公司。这些金融机构基本都设立了供应链金融公司，围绕着自己主业的上下游及产业链提供供应链金融领域的金融服务。

这种模式称为"自金融模式"，特点是用自筹的资金，申请金融牌照，成立金融类公司，为自己可以控制的经销商和供应商提供金融服务。

在采购端，各大型制造企业和各链主企业（核心企业[①]），一般在与供应商结算的时候，都存在着长短不一的账期，短的 3 ~ 4 个月，长的 6 个月，采购合同中的付款方式条款会注明具体的账期。

[①] 行业内，一般都习惯称呼产业链中的大企业为"核心企业"，至于什么是核心企业，确实没有明确定义。核心企业泛指比较有实力、在产业链上非常有地位和话语权、在采购时处于主导地位的大企业。

需要注明的是，从供应链的角度看，付款有账期资格的企业，称其为核心企业是可以接受的。但是，从供应链金融的角度看，这不够严谨，加上"经得起银行授信审查的链主企业或大企业"的条件可能更加准确。因为在现实环境中，并不是在产业链上有话语权、有地位的企业就一定经得起银行授信审查。但是，能经得起授信审查的，特别是经得起全国性股份制银行授信审查的大企业才能算是核心企业。

1. 产生账期的大致结构

账期是企业在财务处理流程中形成的期限，因此需要对财务流程进行拆分和梳理。

绝大部分核心企业采购货物时的支付及财务处理流程如下。

①供应商根据核心企业的采购部和财务部对账完成后的供货数据，按供货合同确定的供货价格，开具发票给核心企业。

②核心企业的财务在 ERP 系统（包括企业人、财、物、订单及采购管理系统）的"应付账款"科目中上账后，按照合同规定的账期进入排队支付流程。

③账期到期时，核心企业会根据合同约定，将现金或者承兑汇票支付给供应商。

对供应商而言，核心企业实施供应链自金融模式的价值在于能覆盖账期，供应商能提早回款。

2. 金融服务的方式

为覆盖账期，海尔自金融的处理流程大致如下。

①在 ERP 系统上账后，供应商根据自身需要，可向海尔供应链金融公司提出融资申请。

②海尔供应链金融公司根据 ERP 系统中供应商的历史交易情况，进行评估和审批。

③批准后，海尔供应链金融公司根据 ERP 系统中的应付账款金额，打八折或者打九折为供应商提供反向保理，并由供应商向海尔供应链金融公司支付利息。

④待海尔的财务公司在账期结束时间正常支付后，海尔供应链金融公司自动收回贷款，余额转给供应商。

⑤一旦中途 ERP 系统反映供应商出现问题或纠纷，海尔供应链金融公司将停止贷款，并有权扣缴该供应商的其他应付账款作为还款来源。

3. 海尔自金融模式的价值

海尔自金融模式的优点是对供应商免抵押、免担保，能够以真实开展的业务为基础，为供应商提供融资。

另外，其融资成本比市面上的其他供应链金融公司都要低很多，只比大银行的稍微高一点，比很多小银行的低，真正地起到了支持供应商的作用。

而且海尔自金融模式在全电子化环境下运行，效率高，放款速度很快，申请当天就能完成放款。

值得一说的是，这种模式的风控措施很有效，可以避免无法锁定核心企业付款、供应商弄虚作假等问题。

4. 海尔自金融模式能够正常运转的前提

海尔自金融模式确实能为自己的供应商解决一定的流动资金短缺问题。不过，这种模式能够正常运转是有前提的：

①核心企业的资金实力比较雄厚，有较大规模的可支配自有资金；

② ERP 系统与供应链金融系统能够无缝衔接，相互打通；

③集团实现统一支付，而非集团的各分支机构独立支付。

目前，采购端发起的自金融模式，基本是在生产制造大企业的采购体系中局部应用的，是一种基于甲方角度的采购供应链金融。

当然自金融模式也存在一定的问题。

5. 自金融模式存在的问题

虽有很多核心企业已经开展和尝试自金融模式，但效果并不十分理想，覆盖面、广度和深度不足，投放的额度也比较有限。

①"现钱现付"比"有账期支付"的采购价格要低很多，为什么不缩短账期降低采购成本？存在账期的主要原因是核心企业即时付款存在一定的资金压力。产生账期后，核心企业通过自己的供应链金融公司提供资金为供应商解决资金问题。既然有钱开展供应链金融业务，为什么还会有账期？其中的基础逻辑是矛盾的。

②如美的、格力、海尔等白色家电企业，通过品牌的特殊地位预收经销商的订货款，在供应商处又存在应付账款账期，多年来在采购体系中形成了固定的账期结构惯例及特殊资金结构，积累了大量的自有资金。管理者不敢轻易打破这种结构，自有资金也比较多，于是使用自金融模式来缓解供应商的压力，因为业务在自己控制范围内，是稳定的利润来源，所以核心企业与银行的供应链金融产品合作得很少。而且在自金融模式下，外部的金融机构要想进入，必须在供应链金融公司控制范围内，否则可能会产生供应商重复融资的风险。

③自有资金不是很充足的核心企业，想要提供金融服务，只能依赖银行等外部金融机构，从规模上会受到核心企业筹措资金规模的限制。即使有多余的银行额度，但核心企业作为融资主体进行银行融资，获取用于开展供应链金融的资金，会提高核心企业财务报表中的"负债率"——不仅应付账款没有减少，还会增加合并财务报表上的负债。可想而知，自有资金不是很充足的核心企业，要用自己的银行额度和可融资资源去解决供应商的问题，意愿是不强的。

———— • 小结 • ————

目前来看，国内自有资金充足的核心企业毕竟还是少数，大部分想开展供应链金融的核心企业，真正的动机并不是解决供应商的资金短缺问题，而是希望不要使用自己的银行额度、可融资资源和自有资金，保持或延长部分账期，从而延迟支付，减轻自己的资金压力，顺带通过供应链金融获得有增量的资金资源，缓解供应商的压力，舒缓财务部门、采购部门和供应商之间的紧张关系。

但这种愿望的基础逻辑是矛盾的，因为银行给核心企业的供应商提供融资，首先要解决的就是这些供应商（多为中小企业）缺乏信用的问题。银行希望使用核心企业的信用来兜底，但核心企业的信用是可融资资源，核心企业不愿意给供应商使用。

核心企业（链主端）对采购端使用自金融模式存在着诸多的现实障碍，最多只能解决自己供应商的问题，范围也很有限。因此，自金融模式并不能在全国大面积推广。

二、品牌大企业（上汽）：销售端经销商模式

各品牌大型制造企业（核心企业）的经销商体系已非常健全，在核心企业发展史上，经销商起到了十分关键的作用，比如：

①帮助核心企业拓展市场，提高市场占有率；

②帮助核心企业承担大部分销售库存压力和市场风险；

③提供预付款，为核心企业增加现金流。

部分品牌甚至要求经销商提前一年交纳订货预付款。销售政策稍好的品牌，也要求经销商提前一个月全额预订。这些销售政策给经销商带来了不小的资金压力，直接影响到产品的销量，减少了经销商利润，提高了经销商的门槛。为了保持通过经销商环节获取现金流的便利，核心企业往往坚持原有的销售政策。于是，经销商的融资诉求变成了核心企业不得不面对的问题。

大型制造企业面对的最大问题不是为供应商解决资金短缺问题，而是在销售端解决经销商的资金压力问题。下面以上海汽车集团股份有限公司（简称"上汽"）的"4S店供应链金融"为例，介绍现有的销售端供应链金融结构。汽

车经销商供应链金融结构如图 1-4 所示。

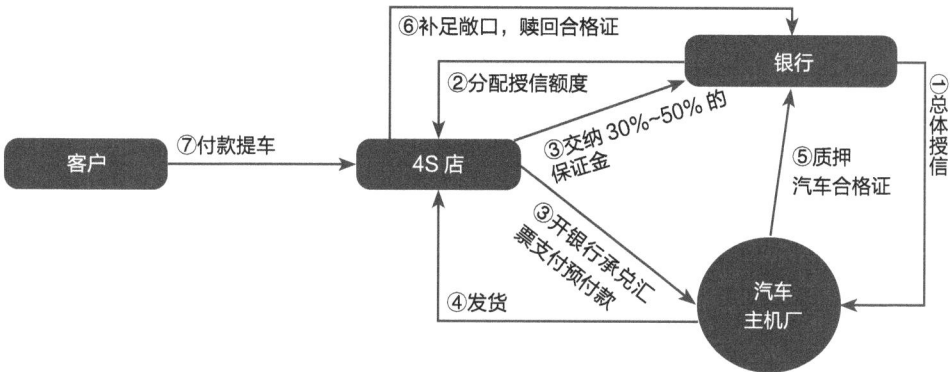

图 1-4　汽车经销商供应链金融结构

1. 汽车主机厂销售端流程

①银行给汽车主机厂总体授信。

②汽车主机厂根据 4S 店的历史经营情况和销售数据，告知银行分配一定的授信额度给 4S 店。

③ 4S 店向银行交纳一定比例的保证金，在汽车主机厂分配的授信额度范围内，向汽车主机厂开具银行承兑汇票，完成预付款支付。

④汽车主机厂收到 4S 店开具的银行承兑汇票后，给 4S 店发货。

⑤汽车主机厂将发货对应的汽车合格证交给银行进行质押。

⑥经过一段时间，4S 店与购车客户确认了购车意向，并确认了客户上门付款提车的时间，在此的前一天，4S 店会向银行补足敞口，银行将该车的合格证交还 4S 店，完成该车的质押融资业务。

⑦客户上门付款提车（全款或通过消费信贷融资），此时 4S 店收回了所有销售款项，供应链金融过程完结。

2. 汽车 4S 店供应链金融的价值

这种销售端经销商模式已经运行了多年，大大缓解了经销商的资金压力，提高了市场占有率，具体价值如下。

①对经销商免担保提供供应链金融支撑。

②基于银行的金融产品提供金融服务，并且没有动用核心企业的可融资资源（银行提供汽车金融服务，由于大部分的汽车主机厂规模大，一般直接给予汽车主机厂信用授信额度[①]）。

③核心企业的操作很简单。

④银行能取得保证金，一线员工的工作积极性比较高。

⑤整体运作风险可控，运作支撑成本不高，不需要监管汽车实物，摆脱了仓库的监管风险等问题。

虽然近几年出现了部分问题，但总的来说，销售端经销商模式确实是一种非常成熟的金融方案。其最大的缺点是，目前仅适用于有合格证质押条件的传统汽车 4S 店销售形式，且仅适合规模较大的汽车主机厂、4S 店使用。

部分白色家电大集团自建的供应链金融公司，用自金融模式为经销商提供了类似的供应链金融服务，但外部银行的供应链金融很难介入其中。因为无法预测提供融资的货物及其销售预期，对还款来源的可靠性、对货物的可处置性[②]状况也不好把握，所以这种场景下核心企业适合用自金融模式来开展供应链金融。

---

① 银行授信一般分为信用授信、综合授信、专项授信三类，这三类授信会再划分一些专项用途。信用授信是无抵押、免担保的，一般适用于巨型、超大型企业，也出现在普惠金融和个人信用卡等领域。综合授信基本要通过担保物出质才能获得，主要适用于中小企业和大型企业。专项授信比较复杂，可以是纯信用的，也可以是需要担保物出质获得的，主要针对特定的用途，是对业务安全性、回款保障、可靠性等进行评估之后专门设计的授信。

② 可处置性是质押物的关键特征，意味着融资者一旦无法还款，货物可以转卖给他人，如果该货物无法转卖给他人，则不具备可处置性。可处置性还体现在处置货物的渠道上，也就是说，要有渠道快速转卖，转卖渠道很少也是可处置性不足的一种表现。

销售端的供应链金融，从目前已知的供应链金融方案来看，比较适合核心企业自筹资金建立的供应链金融公司。因为核心企业自己能够掌握市场销售数据，而且信任该销售数据，对市场销售情况也能有比较清晰的预判，如果经销商没有按时还款，质押的货权可以在核心企业自己控制的市场体系中调配，核心企业自行处置，不会产生较大的外部风险。

但是，对于其他的产品，外部金融机构很难相信核心企业提供的销售预测数据，因为市场变化比较快，创新产品也比较多，产品不同系列的销售情况也不尽相同。外部金融机构非常担心一旦不能准确判断销售情况，核心企业或经销商用这种方式消化滞销库存，那自己就会非常被动。

三、银行（建行）：产品型供应链金融

国内绝大部分的全国性银行和部分优秀的地方性银行，就供应链金融方面，已经开展了多年的研究。

以中国建设银行（简称"建行"）为例，其在这方面的研究和投入已经超过二十年，每一个省分行基本都设立了专职的供应链金融部门，每年均投入相应的资金，研发供应链金融产品。建行总行产品部门多年来开发了大量针对供应链金融方面的 IT 系统，付出了巨大的努力。

中国工商银行、中国农业银行及各股份制商业银行也都相继开发了这方面的系统和产品。近年来，随着无人化自动合规审批系统成为新的发展趋势，包括供应链金融系统在内的在线信贷审批及放款的效率得到了大幅度的提高。

1. 产品情况

以中国建设银行、中国工商银行、中国农业银行为例，在线电子化的供应链金融覆盖了几乎所有的产品，其科技实力雄厚，属于 IT 系统领先的第一梯队。

方向一：大数据、物联网，代表产品有税务贷、POS 贷、普惠金融等。

方向二：线上供应链金融平台，代表产品有线上保理、线上反向保理、线上保兑仓、订单贷、合同贷等。

方向三：电子票据系统，代表产品有票据管理及票据池系统、可拆分票据系统等。

目前，除传统的票据、信用证业务外，各行的产品推广情况各有不同，在国内不同的区域推广状况也不太一样，部分领域取得了一些好的成绩，比如医院采购供应链、央企工程建设集团采购供应链等领域，但大部分产品还处于区域试点运行状态。

各行与核心企业特别是国有大型制造企业的沟通非常多，但成效很不理想；提交了不少产品方案，但迟迟不见有所进展。

个别企业使用了一些供应链金融产品，但用不了多久就停止了；有一些尝试使用了银行开发的线上可拆分票据产品，也是用了一段时间，慢慢就停滞了，推广情况并不是很理想。

2. 银行推广供应链金融产品的主要问题

笔者通过与国内数十家银行深入探讨，并结合使用过银行推广的供应链金融产品的数十家企业的情况来看，银行推广供应链金融产品存在的主要问题如下。

①银行习惯于拿着产品说明书去推广总行产品部门研发的产品，产品很难

满足不同企业的需求。

②银行的职员，包括产品部门的研发人员，大都一毕业就到银行工作，未在企业实际工作中有所锻炼，对企业的运作和业务运行逻辑知之甚少，对客户根本需求的理解有限。

③在每个月强大的绩效考核压力下，支行及一线的执行机构普遍热衷于大额的资金业务、能快速完结的中间业务、资源配置的居间业务，对供应链金融这样投放金额小、操作频次多、产品和模式还不是很成熟的业务积极性不高。

④银行希望通过接入核心企业的 ERP 系统，获取真实有效的应付账款信息，以便为供应商提供供应链金融服务。抛开核心企业的配合程度不说，即使有了信息，银行依然卡在中小供应商缺乏担保物的基础问题上，推广乏力。

──── • 小结 • ────

在供应链金融领域，大部分银行的线上化产品已经比较成熟，但寄希望于银行来设计供应链金融的应用场景，是很不现实的。我们需要在市场上经过大量的研究，找到打通银企"最后一公里"的路径，找到既能够满足产业链、供应链需求又能够满足银行风控要求的模式。

四、科技公司：可拆分电子债权凭证模式

目前，市场上相对比较成熟的供应链金融平台有两类模式：一类是线上电子化反向保理模式；一类是新型供应链金融票据模式，也称单信模式。

腾讯旗下的"联易融"是一个采用线上电子化反向保理模式的供应链金融平台，提供保理公司的线上化供应链金融创新产品。联易融将保理公司打包后的反向保理供应链金融资产，通过储架发行，实现资产证券化。由于篇幅所限，本书暂不对此进行重点分析。

自 2015 年以来，国内众多科技公司推出了目前市场上比较流行的新型供应链金融票据系统，这是一种在线可拆分的电子化票据系统。

另外，中企云链的新型电子债权凭证称为"云信"，在中车体系内成功应用多年。国内多家科技公司也陆续开发了类似系统，例如 TCL 的"金单"。

1. 单信模式的大致流程

新型供应链金融票据主要应用于核心企业的采购端，由核心企业开立后，支付给供应商。该类系统一般会被命名为"某某单""某某信""某某链"，因此也称这种模式为单信模式。新型供应链金融票据业务流程如图 1-5 所示。

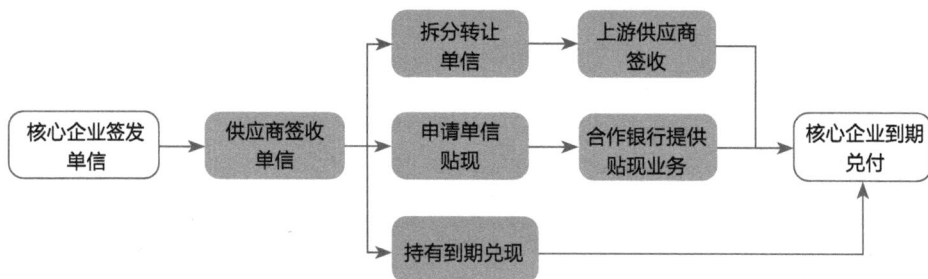

图 1-5 新型供应链金融票据业务流程

①由核心企业通过单信系统开立明确期限的新型供应链金融票据，支付给上游供应商。

②供应商获得新型供应链金融票据后，可将其根据需要拆分为不同的金额，支付给上游供应商，理论上可以支付的层级没有上限。

③缺少资金的供应商，可通过平台的合作银行进行贴现。

④最终持有到期的供应商，由核心企业承兑。

2. 新型供应链金融票据的优点

新型供应链金融票据确实具有很多优点。

（1）绕开了核心企业配合确权的难题

长久以来，银行希望核心企业能够确认应付账款，以便为供应商提供供应链金融服务，但因为核心企业担心出风险，不愿意配合，确权问题一直都没能得到系统化的解决。

新型供应链金融票据，由核心企业主动开立，并锁定兑付的期限，以一种类商票的形式，绕开了需要核心企业对应付账款进行确权这一难题。

（2）解决了票面金额拆分的问题

传统票据在开立时就填入了固定金额，后续的转让背书和贴现都是基于票面金额的操作。新型供应链金融票据是可拆分票据，能将票面金额拆分到最小单位（元），可方便供应商根据业务发生的具体金额，向上游供应商进行支付。

（3）解决了银行锁定还款路径的问题

传统供应链金融在银行提供融资后，核心企业到期支付时，如果没有支付到指定的供应商融资账户，就会产生风险，而新型供应链金融票据避免了锁定还款路径的问题。

（4）提高了信息透明度

新型供应链金融票据可以让开立票据的核心企业，了解供应商对其上游供应商的背书情况，获取产业链上游的企业信息，知道全链条的各级供应商信息，帮助核心企业了解产业链结构。

3. 推广新型供应链金融票据所面临的问题

新型供应链金融票据在推广过程中存在一定的问题，主要体现在以下几个方面。

（1）供应商被动接受

核心企业在使用新型供应链金融票据时，大多针对已经到期或超期的应付账款，供应商只能被动接受，认为其是一种新型企业白条，或针对弱势供应商的新手段。

（2）核心企业财务处理有困难

核心企业开立新型供应链金融票据，需在财务系统外建立手工过渡性凭证，这与记账规范有一定的冲突，财务人员处理起来比较困难。

（3）获得产业链多层级信息较困难

在商业活动中，很大一部分供应商的上游企业的信息，属于供应商的商业机密。核心企业的很多重要供应商的信息也属于商业机密，是其核心竞争力的一种体现。供应商、核心企业使用外部平台时，自然会担心商业机密被泄露。

（4）新型供应链金融票据向多层级支付较困难

供应商采购的主要原材料，很多来自大企业，比如大型钢厂、铝厂等。这部分采购是通过现钱现付或支付预付款实现的。新型供应链金融票据在这类采购中，很难被强势的上游企业所接受。

（5）增加了金融监管的复杂性

中国人民银行上线的 ECDS（电子商业汇票系统），可用于解决传统纸质票据存在的票据真假核查及监管困难等问题。由于新型供应链金融票据存在于 ECDS 之外，金融监管和数据统计对此存在一些障碍和诸多不便。

新型供应链金融票据确实是供应链金融创新路上一次非常有意义的尝试。新型供应链金融票据在实际推广和使用中存在一定的局限性，其根源在于，新型供应链金融票据和电子债权凭证的创新主要站在有强势地位的核心企业立场上，核心企业希望通过技术创新来改善传统交易结构中的沉疴，但如果没有解决各方顾虑，仅从一方角度出发是远远不够的。

第三节 厘清认知，供应链金融的四个分水岭

有一个我们不得不面对的事实：在供应链金融领域，经过大量的制造企业、银行和科技公司多年的努力，至今依然没有真正找到能够落地的普适性模式，只是在局部有些成绩。在局部取得的成绩，可能是基于特定的条件、特定的资源、特定的人和事促成的。一旦开始大面积推广，问题就会显现出来。"先形成典型案例再推而广之"，这一说法很可能并不正确，"追求普适性方案，再通过个案进行验证和修正"的说法可能更合适。

供应链金融并未取得成功的现实已经摆在那里——中小企业依旧存在融资难、融资贵问题。推出了这么多的产品和模式，投入了这么多人力、物力，社会需求这么强烈而广泛，为什么到现在还没有实现初衷？问题出在哪里？

往往找寻问题根源，不是向前看、向左右看、向上下看，而是回头看，回到出发的地方看看。接下来从供应链金融研究方向出发，分析在研究供应链金融时，存在的四个分水岭。

先探究分水岭，才能追根溯源。

一、从库存融资转向债项融资，适应新常态的经济环境

第一个分水岭是从"物权类"展开研究还是从"债权类"展开研究。

目前，很多仓储物流公司、电子商务平台、科技公司都选择从物权类供应链金融展开研究，使用监控系统、条形码、大数据、物联网、区块链、人工智能等各种技术手段来解决仓储和运输过程中的信息问题，并希望借此开启供应链金融的大门。那么物权类的基础环境是怎样的呢？

1. 2006 年全球大宗商品价格趋势发生颠覆性变化

2006 年 5 月 11 日，伦敦铜的价格指数在经历了 20 年的上涨阶段后，突然转入巨幅震荡阶段。在 2006—2008 年，几乎所有的大宗商品价格都从持续缓慢上涨转为巨幅震荡，例如铜、铁、钢、煤炭、化纤、小麦、大豆、玉米等。

图 1-6 是 LmeS 铜（伦敦铜）从 2000 年到 2010 年的价格变化情况。

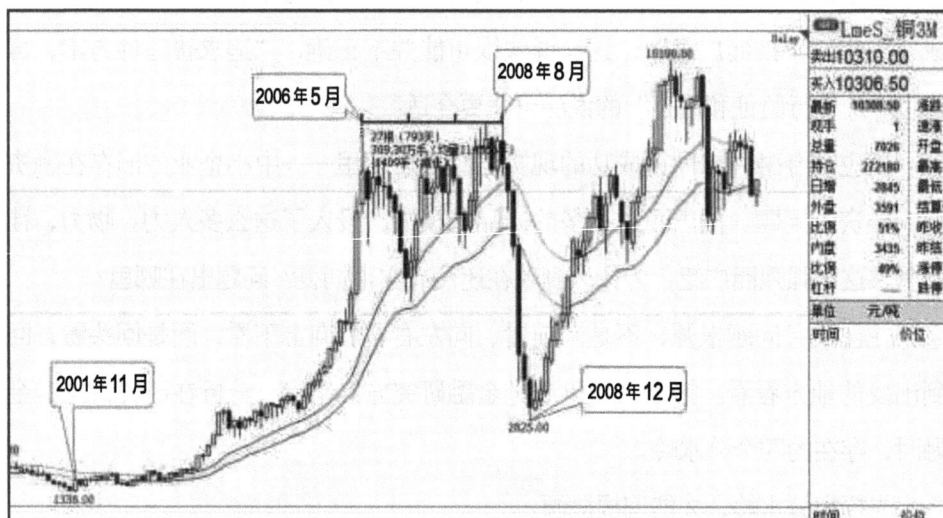

图 1-6　2000 年至 2010 年 LmeS 铜（伦敦铜）的价格变化

从图 1-6 中可以看到，自 2006 年 5 月开始，伦敦铜的价格发生反转，结束了整体不断上涨的态势。之后，几乎所有的大宗商品价格都结束了不断上涨的态势，转变为不断波动、大幅震荡的价格走势。

引起大宗商品价格波动的原因是非常复杂的，主要的原因是市场已经逐步从供不应求转为供大于求，生产模式从大批量定制转向小批量、适应个性化需求的柔性制造和智能制造，产品的生命周期大幅缩短，更新换代加速，并且高频次迭代。

在涨价周期中培养出的企业经营行为和在震荡环境中培养出的企业经营行为是存在巨大差异的。企业的经营行为完全不一样，对应的金融环境和风险逻辑也会发生巨大变化。

2. 只有在涨价周期中，库存才具备优质金融属性

在长期的涨价过程中，企业经营者们会逐步习惯这种价格趋势，不自觉地会将赚取材料的价差作为重要的利润来源。所有产业链中的生产企业在购买原材料时，都会想尽办法，尽可能扩大库存规模和拉长库存周期，从而在价格上涨后获取溢价带来的利润。

这种利润获取方式，在长达十多年的时间里被慢慢地固化下来，甚至是从开办企业开始就形成了习惯。企业在采购管理、仓库管理、订单管理、财务管理等多方面形成了固有的经营行为。在这种环境中，企业有很大一部分的利润，可以不用苦心经营就能轻松获取，所以企业更加不遗余力地想办法扩大库存规模、拉长库存周期。

一旦企业库存规模长期存在，而且还处在涨价的长周期中，库存的货值就没有贬值预期，很容易成为质押权的标的，银行也敢于为此提供基于库存融资的金融产品，因为风险基本是可控的。涨价周期比较长，很多超过半年，货主因此愿意使用银行低成本的资金来扩大库存规模，延长库存周期，

使收益倍增。

在 2006 年以前，国内以深圳发展银行为代表的银行业，针对库存融资的供应链金融业务发展迅猛，且规模庞大。这种风控逻辑，与房地产行业处在较长的涨价周期中，银行所提供的金融服务十分类似，都以质押物价格不会大幅下行为前提。

风险在这样的环境中不断地积累着，而价格反转以后，众多企业并没有及时调整策略和运作结构。企业由于经营习惯、固有的经营思维、固化的运作流程，没有意识到需要尽可能地缩短库存周期，减少库存，进行适应性的调整。思想上没有认知，管理上毫无应对，财务、采购、销售、物管等各岗位人员都无知无觉，没有设置止损的应对结构和应对机制。

结果，价格持续下跌，且跌幅越来越大，速度越来越快，在企业内部还没来得及讨论清楚应对策略的时候，价格已经跌到只有原来的三分之一，而且价格大半年涨不起来。那些通过银行进行库存融资的企业，还加了杠杆投资，导致多年的利润瞬间清空，甚至直接亏到破产。银行也为此蒙受巨大损失。

3. 基于惯性思维和组织惯性，很多企业至今还没有真正适应变化

到目前为止，行情震荡已经多年，估计还会持续，但并不是所有的企业都进行了适应性调整，特别是一些大企业。一是因为船大不好调头，既定的管理体系和企业运作体系比较复杂，牵一发而动全身。二是很多企业领导并没有深刻地意识到，全球大宗商品价格波动的市场环境对企业管理体系意味着什么。

可以注意到，很多早期上市的企业，在 2007 年以前盈利能力都还不错，但2008 年之后就急速下降，很多问题直至 2016 年之后才最终爆发，企业陆续退

市、清算和重组。其中很大一部分原因是企业不适应已经变化的市场环境及其带来的企业管理变革，高管的经营策略、团队的思想认知、企业的组织体系和运作方式都没有适时地进行调整。

调整适应较快的应该是贸易和供应链公司，其适时地调整为快速采购、快速交付的模式，将在途时间最大限度地缩短，以控制价格波动带来的风险。价格敏感度越高的商品，对时间方面的要求往往就越高。

制造企业，理应尽可能精准地生产，按订单生产，加快生产速度，精准规划零部件需求数量，减少半成品、原材料、零部件、备件的安全库存并缩短库存周期。特别是在企业的采购环节中，应根据生产要求，更加精准地确定采购方案，尽可能减少安全库存，精准地按需采购。

4. 趋势变化后遗症，金融行业产生心理障碍

2006—2008 年，很多企业没有及时调整经营策略和组织体系等，出现巨额亏损甚至濒临倒闭，部分企业担心造成恐慌，采用各种方式粉饰真相。由于长久处于安逸状态，银行与其他金融机构对重要的风控环节管理松懈，导致不能及时觉察风险，企业悄悄变卖库存抵押物的情况时有发生。

各地的银行为此蒙受了不小的损失，这也是深圳发展银行濒临破产，最终被平安集团收购的原因。银行从此对实体企业，特别是涉及与大宗商品有密切关系的企业，在提供金融支持的时候普遍产生了心理恐惧。

自 2009 年以来，很多银行实质上等同于脱离了实体产业，大幅提高了房地产和地方政府基建等领域的金融支撑比例。

5. 涨价长周期一去不复返，库存融资不是主基调

预估在未来很长一段时间，大宗商品的价格震荡是常态。在这样的经营环

境中，几乎所有企业都会不自觉地尽可能减少库存，缩短库存周期，逐步将大规模按计划生产再慢慢出售的方式，改变为先测算一定周期内的采购价格和销售价格，再按订单生产或按季节性规律测算生产的方式，尽可能减少库存、缩短在途和库存时间，统筹采购、生产、运输和交付的全过程，不仅控制现金占用，还尽力防止价格波动带来的不利影响。

这种经营环境下，在途物权和库存物权都处于周期短、规模小、频次多的状态。"零担①"的比例也越来越大。因此，物权作为融资的质押物属性也大幅削弱，价格波动带来复杂性和风控的难度大幅提高。企业应该清醒地意识到，基于传统的库存融资时代已经一去不复返，而库存中物权有价值的金融属性已经大幅削弱了。

——● 小结 ●——

从大环境来看，物权已经是金融价值偏低的标的物。如果单纯为了开展供应链金融而投入专用的物联网设施，物联网、检测器、监控设施的投入成本和维护成本极高。因此，物权类供应链金融研究投入巨大，金融价值偏低，解决社会需求的价值范围偏小，较难取得普适性的供应链金融创新成果。

---

① 零担是相对于整车而言的，零担是指由很多货主的小件货物，拼在一起形成整车。

二、从数据金融转向信用金融，需回归金融的本质

第二个分水岭是从"数据向下"展开研究还是从"信用向下"展开研究。

"数据向下"是指从融资对象的内部数据、关联数据和外围数据入手，获得融资对象的可融资状况，提供相应的融资；"信用向下"是指从融资对象本身的信用、上下游关联的信用等入手，基于信用来满足融资对象的融资需求。

目前，科技金融企业研究供应链金融几乎有 80% 都基于大数据、物联网、区块链和人工智能领域展开，约 50% 的银行从大数据领域展开研究。

1. 大数据应用于对私金融业务

移动互联网时代，人们的生活方式与线上紧密结合，移动支付，以及海量的应用程序，给用户带来了生活便利。与此同时，用户的每一次使用都在产生行为数据，企业借此可以分析出每一个用户的行为习惯和消费能力，大数据金融由此快速地发展起来，并且取得了卓越的成绩。

金融机构通过大数据和云计算，构建出全方位的用户画像，识别出不同消费级别、消费能力、财富水平的用户，并设置评分标准和模型，快速精准地锁定有效用户，给予其风险可控的消费和信贷额度，大幅降低了获客成本、运营成本、营销成本和风控成本。

2. 大数据应用于对公金融业务

大数据在对私金融业务上取得了成功，于是瞄向对公金融业务。在对公金融业务中是否也能通过大数据改造传统金融呢？科技公司高歌进军对公金融领域，银行也赶紧加大投入力度，开始用大数据、人工智能、区块链等各种新兴技术来研究新金融。

两方都不断地加大在对公金融领域的研究投入，形成了两大阵营，一个

是"科技金融"（Technology Finance），另一个是"金融科技"（Finance Technology）。

科技金融是指科技公司借用互联网平台和客户消费大数据、云计算、人工智能、区块链等技术手段开展创新尝试，不断向金融领域扩展和渗透。金融科技是指银行、保险、证券、信托等金融机构，借用和引入大数据、人工智能和区块链等新兴技术，改造自身的金融产品和服务方式。

其实，不管是科技金融还是金融科技，在对私和对公金融业务中有着巨大的差别（银行对小微企业开展的业务大都归属于对私金融业务）。大数据应用于对私金融业务和对公金融业务的差别如表 1-2 所示。

表 1-2　大数据应用于对私金融业务和对公金融业务的差别

项目	对私金融业务	对公金融业务
责任主体	具有唯一性，责任主体不会变	可能不具有唯一性，责任主体会变
交易数据真实性	交易数据不容易造假	交易数据容易造假
交易数据可变性	个人消费能力可统计，交易数据不会大变	交易数据会随着合同主体的变化而变化
金融交易的规模（人民币）	50 万元以下（主流）	200 万 ~500 万元，个别可达 1000 万元
违约风险	违约风险可转嫁给关系密切的人	若违约，按股权和投资额追偿

在对私金融业务中，每个身份对应的责任主体是不会变的。但在对公金融业务中，企业法人很可能并不是真正的实控人，而且，企业法人只是股东之一，并不能承担所有的责任，企业法人也可能由于股权变更等发生变化；不仅法人是变量，业务也是变量，企业会根据意愿将业务调整给不同的合同主体或将业务转移给别的企业主体。

换句话说，在对私金融业务中，大数据所对应的责任主体不是变量；而在对公金融业务中，大数据对应的责任主体是变量。基于变量进行大数据分析，金融的安全性实难保障。

3. 大数据应用于对公金融业务的缺陷

大数据应用于对公金融业务，存在一些先天性的缺陷。这些缺陷在对私金融业务中可能影响会比较小，但是在对公金融业务中，这些缺陷很可能是致命的。

（1）基于大数据能分析出"可以贷"的额度，解决不了"还不上怎么办"的问题

研究大数据应用于对公金融业务，往往忽略了借贷的本质：银行能借给企业多少钱，是根据"还不上"的保障条件决定的，而不是由"应不应该借"来决定的。

银行即使能根据企业的外部数据和内部数据进行分析，也只能测算出企业可以贷的额度，但解决不了企业借了以后还不上怎么办的问题。站在金融机构的角度，企业偿债的保障条件和来源才是银行能借多少的决定性因素。

（2）核准数据真实性要付出较大成本

在对私金融业务中，数据源自用户海量的生活数据、消费数据，造假的可能性和动机较小，用户即使还不上影响也不大，金融机构可以用社会失信控制方式和追讨进行弥补，毕竟核准的责任主体不是变量。但是在对公金融业务中，如果根据数据就能获得贷款，企业就有大规模造假的动机。先不说获取数据的成本，要获得时效性强的真实数据，在查证、鉴别、剥离、时效归类方面付出的代价将会更大，而且由于不能解决偿债困难的问题，数据的价值是微乎其微的，单位利润无法支撑获取真实数据的成本。

4. 金融大数据与大数据金融有着本质的区别

金融大数据，是将已经形成的信贷资产数据化；而大数据金融是利用大数据来帮助金融机构形成信贷资产的一种形式。前者是将金融机构形成的信贷资产进行数据化表达；后者是还没有形成信贷资产，希望通过大数据的手段，协助金融机构更大范围地获得信贷资产。一个是对"果"的升级，一个是对"因"的升级，本质是完全不一样的，不能混为一谈。

另外，在对公金融业务中，大数据为贷前、贷中、贷后的风控管理提供舆情数据支持，具有一定的价值；但是希望通过大数据直接得出评估授信额度的信贷条件，还存在较大的障碍。

即使可以获得核心企业提供的数据，银行在向供应商提供融资时，也需要核心企业对所提供的数据进行法律级别的授权和确认，这样数据才能作为信贷的依据，否则，就会形成抗辩事由。

———— • 小结 • ————

目前看来，大数据于对公金融领域的创新，只起到辅助作用。真正要解决中小企业融资难题，大数据暂时还无法成为主要的手段和工具。

所谓"人无信则不立"，任何经济的高级阶段都建立在信用的基础上，在互联网对公金融领域还没有建立"数字信用环境"的当下，通过大数据解决企业的信用问题，还有很长的路要走。

三、供应链金融乃国之重器，银行应是主力军

第三个分水岭是选择"银行资金"展开研究还是选择"间接资金"展开研究。

科技公司、仓储物流公司和电子商务平台，在选择资金的来源时，大都尝试过直接引入银行的资金，但屡屡碰壁，遂萌生出脱离银行资金的想法，通过各种间接获取资金的实践来研究供应链金融。

1. 引入银行资金非常困难的原因

引入银行资金非常困难的原因很可能是研究供应链金融的研究人员并不懂银行。很多在银行工作多年的从业人员，如果没有在金融产品部门和风控部门工作过，没有站在金融产品策划者的角度工作过，可以说并不真的懂银行。

想要弄明白"什么条件下银行才会欣然接受贷款""要满足哪些条件才能符合银行的风险诉求""银行的分支行最看重的业绩诉求是什么""总行产品部门研发产品的困境与局限有哪些""什么事情是银行想做但是做不到的""哪些方面会使银行上下产生巨大的压力"等是十分困难的。

很有意思的是，提出脱离银行资金开展间接性供应链金融的研究者，大部分都是从银行出来的。一些在银行工作过的人，即使在企业工作多年，仍无法真正理解实体产业产生资金困境的根源，只能从表面理解需求，探讨实现方案。而这些有银行从业经验的人，非常清楚那些不了解银行的人所提出的方案，在银行被通过的可能性几乎为零，而自己又提不出合适的方案，最后只能提出放弃银行资金，采用间接的方式获取资金。

那么，在什么条件下银行才愿意提供资金？设计的方案中需存在保障还款的有效措施、可靠的还款来源和保障本金安全的举措，另外需明确是否要改动银行的产品和系统，若要改动，改动量有多大，内容会不会引起多部门的评估。

但这些往往是大多数方案中欠缺的部分。

曾有人说，为什么要优先考虑银行的安全诉求，至少先把业务梳理清楚再来完善啊！可是，如果这样设计方案，从一开始就将银行关键的诉求剔除了，那么后期想引入银行资金的可能性就很小，就只能选择间接方案。

绝大部分银行还是只相信自己设计的方案，不太愿意接受外部的方案，因为只有这样才能保证风险受控。方案只有经过多部门评估、探讨、预演、风险测试，银行才会认为其能真正保障资金安全。

2. 供应链金融不是局部的事，不能绕开银行

融资信贷金融能够运转的条件有二：一是能匹配对应的资金需求，二是提供的资金规模和资金的使用成本能够满足要求。

供应链金融是向企业提供流动资金的主力军，如果资金供给不足，即使是很好的方案，最终也很难产生社会价值。

只有将银行资金的低成本优势和规模优势相结合，方案才具备大面积推广的可能性；否则，成功应用的可能性非常小，应用的范围和规模都会存在一定的局限性。

因此，研究供应链金融的普适性方案时，只有从一开始就研究如何满足银行的风控诉求、解决银行的困境，提供银行需要的有利条件，以打通银行的产品通道为目的，才能大规模引入银行的产品和资金，才能解决广大实体企业的流动资金诉求，这样的方案才有生命力。可见，绝不能脱离银行来研究供应链金融。

• 小结 •

供应链金融是一个涉及面非常广的研究领域，研究者既要懂企业、懂行业、懂采购、懂财务，还要懂金融、懂银行。企业对于能接受的金融方案，最终关注的往往是资金的使用成本和规模，因此，不能脱离银行的金融产品和资金单方面设计金融方案。

四、树立共赢观念，脱离对强势群体的依赖

第四个分水岭是从"核心企业"角度出发展开研究还是从"供应商"角度出发展开研究。

研究债权（应收账款）类的供应链金融，从核心企业出发和从供应商出发，是两种完全不同的方式和路径。

截至目前，绝大多数债权类的供应链金融，甚至包括几乎所有的银行供应链金融产品，都是从核心企业来寻找突破口的。

1. 核心企业是"债务"主体，是付款主体

债权类的供应链金融，必然要获得真实有效、有价值的债权。从核心企业获得其供应商的债权（应收账款）信息当然是最优质、最有价值的，站在核心企业的角度，这些信息对应的就是债务（应付账款）。

如果能获得核心企业提供的"债务"信息，用这些优质的供应商"债权"为供应商提供融资，那么供应链金融资产应当是优质的。

要获得这些信息有两个途径，一是供应商，二是核心企业。

（1）由供应商提供：核实的难度非常大

如果债权信息由供应商自己提供，很可能会存在造假，银行很难对其真实

性进行核实（以往银行在开展保理业务时，基于供应商提供的债权信息开展融资业务，出现过一些骗贷的案例），所以银行大都不考虑从供应商处获取信息。

（2）由核心企业提供：其配合程度非常低

实践证明，从核心企业处获取债权信息的挑战是巨大的。由于核心企业存在多种顾虑或问题，使其难以提供债权信息。事实上，对银行而言，最具价值的是获得核心企业确切的、一定会付的应付账款信息。然而，这对于核心企业更是不可能的。

2. 核心企业不愿意配合的原因

核心企业不愿意配合的原因很多，主要有以下四点。

（1）对核心企业没有价值

对供应商是否有账期，是由核心企业产业链的地位决定的。配合提供债务信息对银行和供应商有价值，但对核心企业并没有多少价值，反而会增加核心企业的工作量，甚至还有可能泄密。

（2）核心企业没有相应的体系进行配合

核心企业的供应商数量多、交易频率高、单笔金额小、涉及部门多，如果核心企业需要配合供应链金融提供债务信息，需要多部门、多岗位增加相应的工作量。在大企业中，如果没有对应的事务流程，开展债务确权工作是很难的。

（3）需要承担法律责任，核心企业不愿意

需要核心企业配合确认的债务，是银行锁定的第一还款来源，银行希望其具有明确的法律效力，否则风控方案很难闭环。这对处于强势地位的核心企业来说，既要站在帮供应商的角度，还要承担法律责任，自是不愿配合。

（4）需要使用核心企业的信用额度进行配合，核心企业更加不愿意

由于供应商缺乏信用，银行希望能够借用核心企业的信用，提供给供应商来使用，作为银行的第二还款来源，以保障还款来源的可靠性，降低金融风险。

但是，核心企业的授信额度即使是闲置的，也是核心企业自己的可支配资源，核心企业通常不愿意拨一部分固定额度给供应商使用。

在银行开展债权类供应链金融产品的设计与研究中，绝大部分都卡在核心企业这里动弹不得，使供应链金融的研究与推广严重受阻。一些银行选择缩小范围来降低风险，在绝对优质的巨型核心企业产业链中小范围地进行尝试，但这样的尝试对研究普适性产品而言，意义并不大。

————— ● 小结 ● —————

无论是基于库存（物权）角度、基于大数据角度、基于银行角度，还是基于核心企业角度，开展供应链金融的研究确实是困难重重。

既然走不通，就需要重新认识供应链金融与产业链、供应链、核心企业、供应商之间的关系，就需要认真体会和梳理各方的需求、利益、价值诉求、变化趋势和生态环境，只有这样才有可能柳暗花明。

第二章

龙困浅滩：
梳理困因，开启供应链金融扩展之路

获"地利"可一蹴而就。

只有找到真正的需求，充分理解需求的结构，才能制定出符合共同需要、负面影响最小、正面作用最大的供应链金融方案。

总的来说，目前的供应链金融方案无法从根本上解决广大中小企业的融资难、融资贵这两大难题。问题到底出在哪里？

本章从债权结构和各相关方的需求结构进行分析，找寻具有普适性的供应链金融方案。

第一节　价值之困：挖掘债权真实价值

在实体产业中，如果企业获取流动资金十分困难，产业链上的核心企业会使用延长账期和收取预付款的方式，占用供应商和经销商的流动资金，以缓解自身的流动资金压力。在产业链上地位越高的核心企业，占用的流动资金就越多，并形成占用流动资金的习惯。

"账期"体现在核心企业的应付款项中，应付款项在财务上账后称为"应付账款"，成为核心企业的"债务"，在供应商那里成为应收账款，是供应商持有的"债权"。

"预缴款"在核心企业称为"预付款"，预付款是为了锁定未交付的物权，在经销商那里称为"订金"。

账期是中小企业产生现金流压力的重要因素之一，如果能彻底地消灭账期，是否就不存在流动资金短缺问题了？这要从账期产生的底层结构开始深入了解，只有这样才能真正掌握供应链金融的价值基础。

一、四个类别，掌握债权的位置和结构

账期是债权类供应链金融一系列产品研发和商业模式设计的背景。其实，账期并不像通常意义上理解的这么简单，我们需要把账期拆开来，仔细地分析清楚。

站在核心企业和银行的角度，账期其实指的是明账期。站在供应商的角度，账期其实是一个组合的期限，或者准确地说是综合付款周期，由预备账期和明账期两部分组成，如图2-1所示。

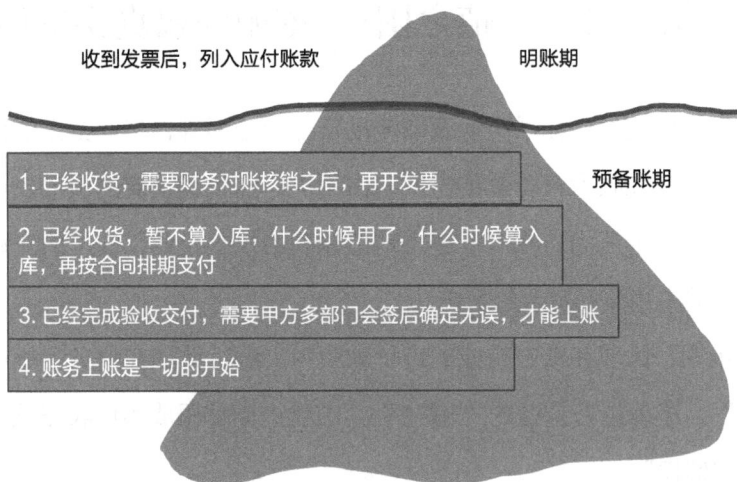

收到发票后，列入应付账款　　　　　　　　　　　　　明账期

预备账期

1. 已经收货，需要财务对账核销之后，再开发票

2. 已经收货，暂不算入库，什么时候用了，什么时候算入库，再按合同排期支付

3. 已经完成验收交付，需要甲方多部门会签后确定无误，才能上账

4. 账务上账是一切的开始

图2-1　综合付款周期的结构

明账期是在图2-1中水面之上的部分，是供应商按核心企业（甲方）的要求提供发票以后，核心企业的财务在报表上完成应付账款上账到最终支付之间的这部分时间。

预备账期是图2-1中水面之下的部分，是供应商按要求将货物送到指定的交付地点，甲方质量验收合格并签收，到按照甲方要求提交发票上账之间的这部分时间。

核心企业和银行理解的"明账期"和供应商理解的"综合付款周期"是不

同的，差别在于资金占用的时间不同，所以，资金成本的计算方式不同。供应商按照综合付款周期测算的资金成本，与核心企业和银行测算的资金成本不一样。综合付款周期的资金成本计算方式如图2-2所示。

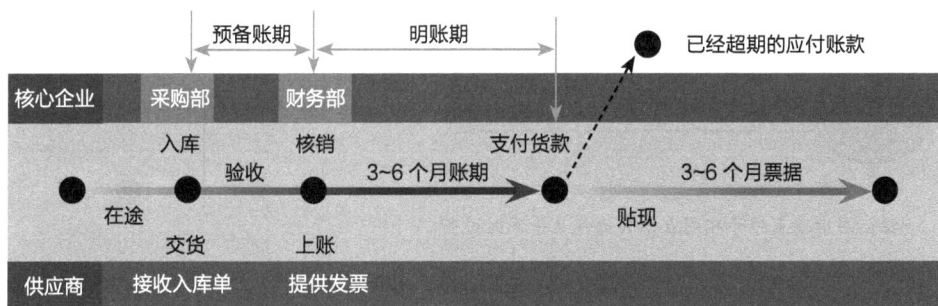

图2-2　综合付款周期的资金成本计算方式

综合付款周期在不同的行业和企业中，情况也不太一样，存在着行业性的固定模式。综合付款周期结构大都是因为企业管理结构形成的，也有的是因为企业相互效仿，逐渐形成行业内通行的支付结构。综合付款周期大致可以分为四种类型。

1. 综合付款周期类型一：财务对账过程

大型企业一般都按岗位责任制管理，都有非常严谨、规范的财务结算审批制度。所有涉及资金的事务，会按照采购流程、财务流程、审批流程来严格运行，每一笔对外的结算业务，都需要责任人审批签字、存档备查后才能执行。

这就意味着不可能做到"货一到就付款"，只可能合并审批，例如按批次或是按月汇总，整理好、理清楚、对明白，没有问题之后，再找领导签字。

于是大型企业形成了非常严谨、规范的结算流程，这些结算流程在各个大型企业中虽有细微的差别，但主体结构是相同的。

主流的结算审批流程如图2-3所示。

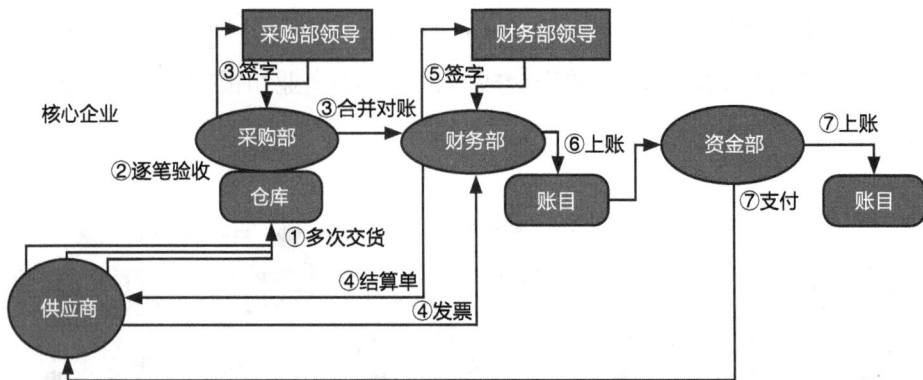

注：图中节点序号相同表示其操作几乎同时进行。

图 2-3　主流的结算审批流程

①供应商按合同要求或按采购部的指令，将货物交付到指定的收货地（一般在 30 日内）。

②核心企业指定收货人逐笔验收入库，并于 3 个工作日内出具入库单、检验单，或者质量验收单。

③采购部与财务部在每月 15 日或 20 日之前，与各供应商完成此期间的合并对账工作，核对金额、数量、质量等要素（一般是合并 30 天内发生的所有批次）。

④财务部根据对账单，向供应商出具结算单，并通知其开具发票。

⑤财务部收到供应商提供的发票后，启动内部各相关部门领导的审批流程。

⑥签字完毕，财务部一般于 3 个工作日内上账，并且资金部进入结算流程。

⑦资金部根据账期及合同约定情况，或是根据可支配资金情况，完成支付，并将财务系统中的应付账款调整为已支付状态。

根据上述流程，从供应商交货之日起到开具发票，一直到收到货款，在核心企业不拖欠货款的情况下需要 45~60 天。

45~60 天，对核心企业来说看似非常短，但对供应商却产生了资金占用，影响了供应商资金的流动性。不计算组织生产和运输的时间，按 45~60 天的回款周期计算，供应商的自有资金最多只能周转 6~8 次 / 年，这会限制其真正的供给能力和生产交付能力。特别是对于那些单笔就达到几百万元甚至上千万元的业务，或者单笔上亿元的大额业务，45~60 天的回款周期会给供应商造成相当大的资金压力。

目前，审批流程所形成的"财务对账过程"，时间较短的是 45~60 天，且往往涉及金额较大的大宗商品采购。

例如建筑公司在购买钢材、水泥、砂石骨料等商品时，由于涉及金额相对较大，供应商的资金压力普遍较大。资金状况较好的建筑公司，付款时间会比较短。以钢铁采购为例，结算结构如图 2-4 所示。

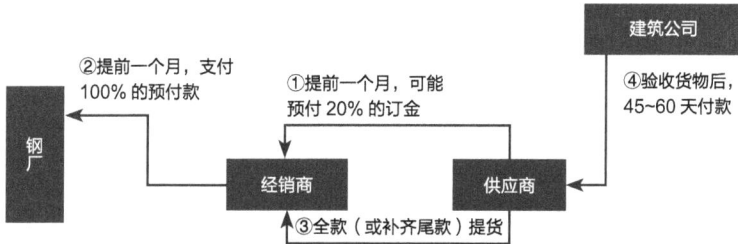

图 2-4　钢铁采购的结算结构

图 2-4 中，供应商通过招投标获得建筑公司的供货合同（一般是框架性合同）后，具体供多少货、什么时候供、能不能供，供应商可以根据自己的资金调配状况来确定。

供应商接到供货订单后，先测算可支配资金以确认供货能力，向经销商提前订货（可能预付 20% 的订金），经销商根据本地的订单汇总情况，支付 100% 的预付款向钢厂订货；钢厂根据所有经销商的订单需求，排期开炉组织生产（存在经销商与供应商是同一家企业的情况）。后续的流程如下：

①正常情况下，钢厂一个月左右完成生产并交付给各经销商；

②供应商须支付全款或补齐尾款后，向经销商提货；

③提货后，供应商将货物运输至建筑公司指定的交付地点完成交付；

④建筑公司在收到供应商合格的货物后，于次月合并对账；

⑤对账完成，供应商按要求提交发票。

⑥建筑公司收到发票于次月的 15 日付款。

如此计算下来，建筑公司收到货物后，供应商要 45~60 天才能收到货款。这意味着，不算运输时间和预付款占用时间，不算质量保证金的占用时间，供应商的资金占用周期是 45~60 天。

以上就是"财务对账过程"这类综合付款周期的现实表现。对资金状况中等偏上的采购方（大型建筑公司）而言，偶尔也会出现资金不足的情况。一般会在财务对账期之外，再嵌套一个相对确定的账期，例如，上账后次月付一半的款，再次月付到80%，在 6 个月内付完尾款。

财务对账过程这种综合付款周期，普遍存在于能源、冶金、工程等领域各种大宗货物的采购当中，是较为常见的一种综合付款周期。

2. 综合付款周期类型二：收货未入库过程

在大型制造类核心企业中，普遍存在另一种综合付款周期：收货未入库过程。

当核心企业收到供应商的零部件后，不算入库，什么时候生产调度 ① 选用了，什么时候才计算入库，才开始进入财务对账过程。

这一综合付款周期的形成原因要追溯到 20 世纪 90 年代末，一些国内的品牌企业去日本考察，学习日本制造业的先进管理经验，了解了一种叫"零库存"的敏捷制造体系。这一体系可以大幅度提高生产效率，降低综合成本，有效减轻产业链上各供应商的负担。

在这一体系下，从需求获取到生产排单、分解制造 BOM（物料清单）和采

---

① 生产调度是生产流水线上的一种管理岗位，负责调度零部件资源，协调生产资源，保障生产。

购BOM都非常精细化，甚至精细到每一个供应商每批次需要交付的零部件数量，全程都采用精细化的管理。供应商可以根据供货清单，以批次为单位，精准交付到具体的工位，双方都可以大幅减少安全库存，降低成本。

这种精细化管理在当时是非常先进的，国内企业学习后，在供应商采购管理中进行了环节调整，即"在生产线或厂房周围清理出一片空地，让供应商把货物堆在这些空地上，不算入库，什么时候用了什么时候才算入库"，这样做在财务报表上实现了"零库存"。

可是这样做，对供应商而言，不仅没有享受到"零库存"带来的降本增效，还凭空多出"收货未入库"的预备账期。久而久之，就形成了现在制造业中的一种比较固定的综合付款周期——收货未入库过程。

3. 综合付款周期类型三：审核过程

基础设施建设推动了我国经济发展，建设资金都是专款专用的，从中央政府到地方各级政府对基础设施项目进行了严格的监督管理、审计管理、过程管控和综合评估。其中，存在一种因为管理需要而产生的综合付款周期——审核过程。

（1）审核过程产生的背景

大型项目的投资建设都会由一个发包方来执行，发包方开展项目招投标后，明确承建方，一般会提供小部分工程预付款，其他的需要承建方垫资进行建设，以促使承建方有足够的工作压力，确保施工质量。

一般工程分几个阶段来完成，每达到一个阶段，发包方会对该工程进行阶段性的验收。发包方的多个部门参与核验和检查，对该阶段的所有工程内容进行严格的质量验收和把关。待阶段性验收合格后，发包方再启动资金申请流程，支付该阶段的工程款。

承建方在成立项目部时，一般会由其内部的上级管理组织确定可垫资的范围。因此，进入阶段性的验收后，在收到该阶段的工程款之前，承建方不会继续垫资施工。其间，承建方为减少用工成本，会安排施工人员暂时撤场，等资金到位后，再返场施工。故而在各地的建设工地上会有一个非常常见的现象：工地上热火朝天一段时间后，就停工待料一段时间。

（2）审核过程的结构

发包方各部门完成正常的审核工作，需要大约4个月时间（一些特殊工程有时间交付节点，审核速度可能会快一些），项目资金已经到位的，一般在4个月的审核完成后，15天内就能付款。这就形成了工程建设行业中发包方和承建方之间为期4个月左右的，可称为"审核过程"的综合付款周期。

（3）混合型综合付款周期

很多研究工程建设行业的供应链金融业务研究人员，一直不清楚从何处下手研究工程领域。因为，在工程建设行业中，存在两个不同的综合付款周期：一个是发包方与承建方之间的"审核过程"综合付款周期，另一个是承建方与供应商之间的"财务对账过程"综合付款周期，如图2-5所示。前者和后者的主体对象、信用环境、服务对象和运作结构是完全不一样的。

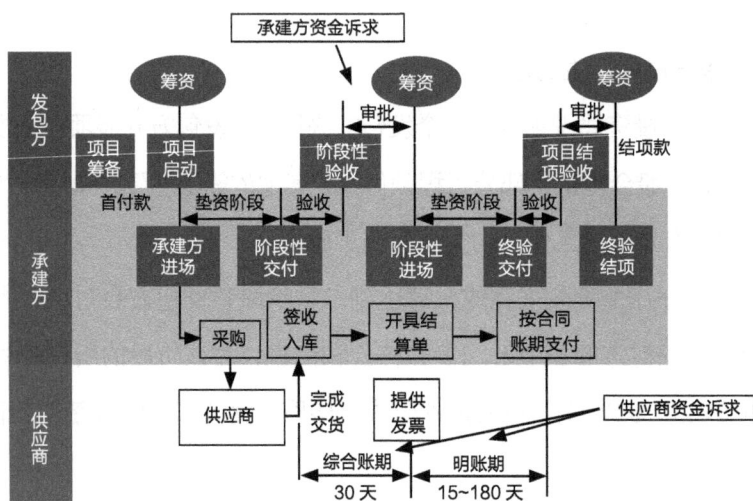

图2-5 工程建设行业的综合付款周期

4. 综合付款周期类型四：不确定何时上账

一些杠杆率、负债率过高，筹措资金非常困难，历史债务比较重的企业，由于自身的资金状况非常紧张，存在不确定何时上账的现象。这类企业何时有钱可以付了，何时才会允许供应商开发票，才会上账、支付。这等同于供了货之后，企业什么时候给钱是一件不确定的事情。

几年前，这样的情况比较多见，现在很多供应商对业务的可靠性进行了评估，一旦核心企业有过上述行为，供应商就会拒绝供货。即使要开展业务，供应商也会要求全额预付或者使用付二结一的方式，以减少可能存在的拖欠款项风险，只要核心企业中途发生一次拖延付款，供应商就会马上停止供应材料，如案例 2-1 所示。

案例 2-1

企业信用度低，只会让经营越来越难

十多年前，笔者接触过一些经济实力不是很强的县级供热厂，由于经济实力弱，企业评级比较低，银行拒绝贷款，地方财政也多少存在困难，供热厂多次出现付款时间超期的情况。结果，没有企业愿意为这家供热厂供应动力煤，除非这家供热厂全额预付。

为保证居民的暖气供应，县里申请下来一笔购煤专用款，而供热厂怕预付款有去无回，只敢货到付款，但因其企业评级低，没有企业愿意供应动力煤。

这下供热厂更犯愁了，只能自己带着钱去找煤矿采购，但是，允许小批量购买的煤矿，哪有那么容易找呢？供热厂到处碰壁，而好不容易买来的煤却比市面上要贵不少。

从案例 2-1 可以看出，在市场经济环境中，企业的信用是非常重要的。企业只有做好经营管理和资金管理，认真维护良好的社会形象，才能基业长青。

前面所描述的 "财务对账过程" 和 "审核过程" 这两种综合付款周期是大型企业自然产生的管理结构，其有存在的合理性、相对稳定性和明确可预期的回款期限，比较适合通过供应链金融的方式解决。

但是 "不确定何时上账" 这种综合付款周期，确实是比较难处理的综合性问题，很难寄希望于银行来解决，银行作为独立的风险管理和责任主体，面对历史债务过重、负担过大的企业，也是非常谨慎的。因此，只能不断发展地方经济，盘活资产，改善经济环境。

5. 综合付款周期的综合分析

综合付款周期是企业现金占用的成因，是研究企业产生流动资金缺口的关键，我们需要清晰地认识综合付款周期，了解其对产业各方的影响。

（1）综合付款周期产生的原因

核心企业存在综合付款周期，原因大致有以下几个：

①核心企业已经固化的审批及结算流程形成固化的时间周期；

②历史原因或者行规形成的管理惯性；

③增加账上的可支配资金，对核心企业存在直观的诱惑；

④核心企业自身缺乏资金，借用强势地位挤占上下游企业的资金。

（2）综合付款周期给核心企业带来的好处

从表面上看，综合付款周期对核心企业是非常有利的，例如：

①延缓支付，减轻自身现金流压力；

②平抑销售回笼资金及生产占用周期可能存在的时间缺口；

③增大现金流，提高自身的议价能力。

账上现金多，管理者可能会感觉很开心、很踏实，然而任何事物都有两面性。

（3）综合付款周期会吃掉核心企业的利润

市场上在同等的产品质量条件下，现钱现付会比有账期支付的成本低很多。那二者之间的差价是什么？其实，差价本质是核心企业的一种表外融资[①]，只不过这种融资是向供应商进行的融资，其融资成本计入采购的价格了。

也就是说，现钱现付和有账期支付之间的差价就是核心企业的表外融资成本，其利率的高低是由核心企业对账期的态度决定的。如果核心企业在合同中注明账期（付款方式和付款结构），且严格遵守，则表外融资的成本会相对低一些；如果核心企业对待账期的执行态度比较模糊，到期支付的时间也很模糊，那么融资成本就会较高。

但是，不管如何测算融资成本，这种表外融资都基于供应商的融资成本和融资环境来衡量的，而不是以核心企业的融资环境来衡量的。供应商（中小企业）本就融资难、融资贵，很难获得资金，若核心企业还要占用其资金，那么融资成本可想而知，如案例2-2所示。

案例 2-2

原来你们矿井里撑的都是红木啊

笔者有一次在一家煤炭集团开展咨询调研，其间结识了一位曾经在集团采购部工作过的主管，他后来被分配到集团的集采公司工作。我们针对账期和采购价格的问题讨论了起来。

当时国际原油价格低迷，多年来市场上的煤炭价格也一直处于低价状态，集团多年的经济效益比较差，加上集团之前大额投资了煤制油项

[①] 表外融资对应的是表内融资。表内融资就是在企业财务报表中以融资属性体现的数据，包括直接融资和间接融资。表外融资就是不在财务报表上以融资的形式体现的一种企业融资行为。

目，因此背上了沉重的债务包袱。国际原油价格低，煤制油项目一直在亏损，集团每年的偿债压力非常大，而且集团的资金情况很不好，甚至常常为发工资头疼。所以，采购付款常常不及时，不确定什么时候有钱能够支付采购款，时常有超过一两年才支付的现象。

于是采购价格变得越来越高，比如采购的矿井下用的木头撑杆，比市面上的价格高出了数倍。有胆子、有实力、有意愿供应的供应商很少，所以在采购部工作是一种折磨。

当时谈到这件事情的时候，交流气氛有些凝重，于是笔者开玩笑："真厉害，原来你们矿井里撑的都是红木啊！"

案例2-2充分反映了账期是有成本的。所以，核心企业应该有意识地把综合付款周期作为一个内部检查项，在自身资金状况良好的情况下，有意识地对综合付款周期进行控制，从内部运作管理流程和上账后的资金支付行为入手，有效统筹资金运营，协调好内部的资金头寸调度，合理安排支付，尽可能缩短或准确设定综合付款周期。

（4）综合付款周期长导致供应商数量大幅增加

由于存在综合付款周期，回款周期越长，占用供应商的流动资金就越多，从而会带来相同品类的供应商数量增多，因此，账期越长，供应商的数量就会越多。供应商数量多，会对核心企业的招投标及合同管理、供应商管理带来很大的压力。在执行采购的过程中，采购管理、库存管理、质量管理、供应商管理的复杂性和管理难度也会极大提高，管理成本大幅增加。

（5）综合付款周期会制约核心企业和产业链的创新和发展

数量众多且规模偏小的供应商群体的创新研发能力弱，会影响到核心企业的产品创新和科技创新能力。生产产品时，需要供应商配套开模具的数量会大幅增加，综合制造成本很难降低，协同制造的更新换代速度减慢，新材料、新技术、新工艺的推广应用速度减慢。

另外，周转率直接左右产业的利润率，综合付款周期使产业链协同配合难、综合能效低，整体效率很难得到提高，制约着产业链及供应链体系的创新和发展。

————— ● 小结 ● —————

对于生产企业、流通企业、施工企业，除生产、运输和施工所占用的时间之外，中小企业为了交付和生产，在购买原材料时是先付款再提货的，生产完成后，交付给采购方还有一个综合付款周期，这期间的流动资金被核心企业所占用；而服务型企业，往往需要及时支付人工成本，但很多业务都交付很久了，却因为综合付款周期迟迟不能回款，流动资金同样被核心企业所占用。中小企业本来就融资难、融资贵，资金还要被核心企业占用，生存变得更加艰难，存活率自然也低。

中小企业存活率低，导致风险投资机构对实体产业的早期投资变得非常谨慎，仅投资那些具有高成长性、已经进入成熟期的企业。早期企业投资者寥寥，会导致创业门槛变高，社会的整体创新能力变弱。

二、锚定四个切入点，明确有价值债权

什么是有价值债权？其实道理很简单，供应商能通过其快速获得融资，同时还能心甘情愿为此支付利息的债权，就是有价值债权。对供应商而言，这种可融资的债权覆盖"综合付款周期"要比覆盖"明账期"更有价值，也就是说，这两个都没覆盖的债权对供应商就没有价值，仅对核心企业有价值。换个角度来说，不同的融资位置对不同的交易对手的价值是不一样的，选择在哪个位置提供金融服务，要看是给谁带来价值。当然不同的位置，风险结构是不一样的，风控的方案也是不同的。这就是场景化供应链金融分析的核心。

如果账期结束了才提供金融服务，付费的已经不是供应商了，而是核心企业，因为供应商会把额外增加的资金成本计入供应价格或是质量成本。

1. 供应链金融的四个切入点：体会有价值的位置

提供供应链金融是为了解决供应商的回款问题，所以融资的位置非常重要，如果选择的位置不对，不仅无法解决供应商的资金问题，反而会加重供应商的负担。

供应链金融的四个切入点如图 2-6 所示。

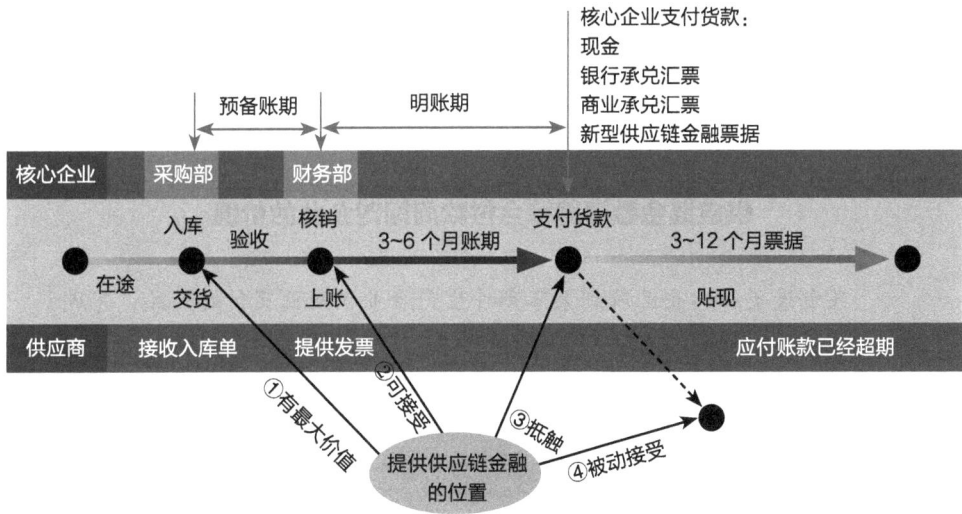

图 2-6　供应链金融的四个切入点

其中，在位置①为供应商提供融资，对供应商而言价值是最大的，对其改善现金流的贡献也是最大的，供应商最愿意为此付费。

在位置②为供应商提供融资，供应商也是可以接受的，但价值不是最大的，因为供应商在现金流方面还是存在一定的压力。

在③④这两个位置为供应商提供融资，供应商是抵触和排斥的，很明显资金已经在综合付款周期被核心企业占用了很久，再进行融资，要额外承担融资成本，这是不可接受的。在这两个位置提供供应链金融，实际上是帮助核心企业再次延长了支付周期，所产生的额外资金成本，供应商要么要求核心企业来承担，要么在以后的供货过程中想办法弥补回来。

由图 2-6 可知，供应商最希望从交货入库开始解决整个综合付款周期的资金缺口问题，如果仅从上账开始，解决明账期的回款问题，对供应商的回款支持不是最大的。如果在支付货款这个位置提供供应链金融，供应商是抵触和排斥的。如果在应付账款已经超期的位置上提供供应链金融，则供应商只能无奈地接受，但在这个位置供应商的资金压力已经很大了，自然对供应链金融的融资成本非常介意，如案例 2-3 所示。

供应链金融覆盖综合付款周期对企业的价值

某制造类核心企业收到某零部件生产企业供应商交付的产品，完成了验收入库后，需要经过 15~30 天才能完成核销对账，并于次月 15 日之前要求供应商提交发票，核心企业的财务人员完成上账，即预备账期是 30 天；上账后进入排期支付阶段，3 个月内可支付全款，即明账期是 3 个月。对这家供应商而言，核心企业对其资金占用的周期是 4 个月，而供应商在采购原材料时大都是现钱现付的，加上生产和运输的在途时间，一共是 1 个月的时间，那么这家供应商的流动资金的总占用周期就是 5 个月。

在这种情况下，如果供应商有 1000 万元的流动资金，该供应商一年只能运行 2 个周期的业务，也就是 2000 万元的业务规模。如果业务的毛利率是 10%，那该供应商的全年毛利是 200 万元。

如果供应链金融可以覆盖明账期，那资金总占用周期缩短为 2 个月，全年业务规模可增长到 6000 万元，一年可开展 6 个周期的业务。每个周期的业务融资是 800 万元，融资时长为 3 个月，在途月均融资规模就是 2400 万元，毛利 600 万元，减去融资成本 132 万元（按年化利率 6% 计算），可获利 468 万元。

如果供应链金融能覆盖综合付款周期，供应商流动资金的占用周期减少到 1 个月，那全年可开展的业务规模将是 1.2 亿元，可开展 12 个周期的业务，每周期融资 800 万元，融资时长 4 个月，在途月均融资规模约为 3200 万元，毛利 1200 万元，减去融资成本 167 万元，可获利

1033 万元。同样的自有资金规模，利润从 200 万元上升到 1033 万元，业务规模从 2000 万元上升到 1.2 亿元。

也就是说，对供应商而言，如果在交货入库这个位置上，获得供应链金融的融资支持，对企业而言价值是巨大的。

在现实生活中，很多企业的应收账款周期非常长，包括很多上市公司也存在这类问题。有大量的应收账款就意味着企业的资金被下游所占用，意味着企业的资金周转率不佳、盈利能力不佳、生产规模受到抑制，意味着研究和开展供应链金融对企业而言具有较大的价值。

从图 2-6 中可以看出，在开展供应链金融产品研究的时候，提供融资的位置是方案和场景设计的关键。这也是研究供应链金融产品与研究供应链金融场景和结构的区别，前者只需要考虑满足什么条件可以提供融资，而没有考虑在什么位置、什么场景下，产品所带来的价值是什么。

2. 债权有价值的边界，从完成交付开始

很多供应商问："为什么不把下订单的阶段也直接纳入综合付款周期范围呢？那不是对我们更有价值吗？"答案是："下订单阶段，无法纳入供应链金融的债权范围，其根本就不属于供应链金融的业务范围，而属于合同贷及订单贷[①]的业务范围。"

很多银行从业人员问："覆盖预备账期的供应链金融是不是就是合同贷或是订单贷呢？"答案是："覆盖预备账期的供应链金融不属于合同贷和订单贷，因为进入预备账期后，货物已经交付验收了，产生交易纠纷的可能性已经降到最低。"

---

① 合同贷与订单贷是银行从业人员常用的口头语言，特指针对签订的供货合同或者订单提供的融资品种，由于风险偏大，银行已经基本停止这类型的贷款。

那么该如何界定综合付款周期与有价值债权的边界呢？其实这是一个风险控制和责任结构的问题。

产品还没有完成交付，供应商应该履行的责任和义务就没有完结。不管是预备账期还是明账期，都是指产品合格、已经完成交付验收的时期，否则会产生各种交易纠纷。

经过研究和分析，供应商的责任和义务履行完成应该有两种界定方式。

①针对质量标准清晰的产品交付物，甲方已经完成了交付和质量核定验收，并且甲乙双方都已经明确确认，才能进入综合付款周期。

②针对工程或集合类交付物，甲方针对乙方发起的阶段性验收的流程结束并通过后，进入预备账期阶段，才能进入综合付款周期。

3. 治理综合付款周期，政策是约束，供应链金融是支撑

很多供应商提出，账期有 15 天的，也有 3 个月的，还有半年甚至一年及以上的，是否有办法对核心企业延长账期的行为进行有效约束呢？

要想解决综合付款周期问题，寄希望于核心企业内部转变和自我认识提高，会经历一个漫长的过程，较为有效的手段还是从外部入手：一是从政策入手，二是从金融入手。

（1）国家政策方面，目前治理账期卓有成效

其实账期问题并不是新问题，多年来，通过多部委联合发文，账期问题确实得到了有效遏制。当然这是一个系统施治的过程，因为问题成因很多、结构复杂。

国务院于 2020 年 7 月 5 日发布的《保障中小企业款项支付条例》为促进机关、事业单位和大型企业及时支付中小企业款项起到了极其重要的作用。

国家一直在多管齐下、综合施策，通过方针、政策、监管、制度、要求、舆论导向、财务规范、审计等控制账期行为，还多次下发文件进

行清欠。

①在国企的财务制度中，严格规定收到发票后，上账不能跨月，支付不能跨月，并通过审计进行监管。

②为了防止系统性的金融风险，对国企实行强考核，严控杠杆率和负债率，对银行融资负债规模、应付账款规模和应付票据规模进行合并统计，严控应付票据和应付账款的使用，同时全面清理整顿影子银行和隐性债务，以防止发生系统性风险。

③中国人民银行开发了ECDS，所有的银行承兑汇票、商业承兑汇票都纳入统一的电子化运行环境，杜绝了大企业通过隐藏纸质应付票据，不在"应付票据"科目上账的可能，控制了粉饰负债率的行为。

这些制度、政策、措施和系统的实施，降低了账期对社会的不良影响，打下了让社会经济良性运转的坚实基础，有效遏制了核心企业的账期行为。

（2）引入供应链金融，将综合付款周期对社会的影响尽可能减弱

要减少综合付款周期在社会经济运行中的影响，还需要借助金融的力量，将综合付款周期产生的应收账款尽可能转变为金融资产，通过供应链金融来解决问题。

可是用金融的方式来解决问题，会不会将问题从实体产业引入金融行业，产生金融行业的系统性风险呢？答案是不仅不会，反而会有效地抑制系统性风险。那么供应链金融是如何起作用的呢？

例如，在社会经济处于调整期时，有一些核心企业出现了经营问题，如果不能有效控制账期，核心企业的应付账款（负债）规模扩大到一定的程度，就会造成资不抵债，导致与之关联的广大供应商蒙受损失。如果银行提供供应链金融，为这些核心企业的供应商提供融资，将供应商的债权（应收账款）变成金融资产，就可有效约束核心企业的账期行为，甚至有效地控制核心企业可能产生的风险。

①基于应付账款的债权融资，让核心企业所承诺的期限变成了银行融资期限，将核心企业出现延期的次数、金额、频率和时间纳入银行对核心企业的信用评估，可以对核心企业产生有效的信用约束。

②供应商通过拥有的债权在银行逐笔进行供应链金融的融资，加大了银行对核心企业可能积累债务规模的风险的控制力度。

③供应链金融有助于避免核心企业可能隐藏应付账款的债务行为，让债务变得公开透明、可监督。

④供应链金融有助于避免核心企业和众多供应商之间地位严重不对等的博弈，防止核心企业制造信息不对称，防止风险累积。

⑤银行可以通过供应链金融的信贷条件审核机制，对交易的发票、单据进行核查，有效地防止虚假的融资性贸易 ①。

⑥银行通过供应链金融按照单笔应收账款提供短期小额融资服务，只要核心企业能正常兑付，供应链金融就会持续正常运转。一旦出现个别或局部违约，银行可以及时停止后续的供应链金融服务，将风险控制在合理的范围内。

⑦核心企业局部违约，一般发生在出现状况的早期，或者说履约能力变差的早期。通过供应链金融，在问题还比较小的时候，银行就能知晓核心企业的状况，提早应对。

这些约束机制可以防止核心企业隐瞒真相、自我约束不力、经营抱有侥幸心理等行为，促使其认真地承担起在产业链上的经营管理责任，谨慎维护自身的企业信用。

---

① 融资性贸易，是指企业借虚假的贸易背景进行融资的行为。

—————● **小结** ●—————

只有找到有价值债权的位置，才能准确找到解决问题的办法。在有价值的位置上不断探索方案和路径，方能让供应链金融真正发挥作用，为企业、为产业，乃至为社会贡献价值。

三、找准利益结构关键：安全的增量业务

从前文的分析，可以看出供应链金融对供应商而言价值最大的位置是"交货入库"，但是，在现实环境中，在这个位置上提供融资，核心企业、银行和广大的中小企业（供应商）的看法和认可程度是不一样的。只有找到各参与方都愿意接受的价值，各参与方才愿意使用供应链金融的方案和模式。

1. 中小企业不愿融资的原因

在一线的调研中，笔者发现在多年的融资难环境下，广大的中小企业对融资存在一定的排斥心理，甚至大部分的中小企业不愿融资，这一现象产生的原因有很多。

（1）"融资的很多都倒闭了，活下来的大都因为没有融资"

在中小企业的发展历程中，部分企业家对于多年不充分、不稳定的融资环境，形成了一种根深蒂固的观念，"没有融资就没有放杠杆，不会因为融资不稳定带来致命的流动性风险"。过去一些中小企业因为银行的各种优惠政策贷了款，结果最后被抽贷造成破产倒闭。于是一些中小企业慢慢形成了不轻易使用银行资金的观念，形成了"相互借贷""抱团取暖""有多少钱做多少事"的企业发展模式，"稳"字当头，保守发展。但是，这种观念会致使中小企业发展缓慢，导致企业管理水平不高、人才流失、创新不足、生产水平增速慢、

适应社会经济环境变化的能力减弱等状况。

要解决这一问题，银行需要提供稳定的资金供给结构，逐步改善中小企业的认知。同时，银行要配合核心企业的供应链升级策略，通过供应链金融向核心企业扶持的优质供应商提供局部性整合方案，定向推动供应链的升级。

（2）多年来形成固定账期结构，不敢轻易打破

很多长期给具备固定结算周期的核心企业供货的供应商，每个月都在供货，每个月都在回几个月前的款，已经形成稳定的运转状态，不能也不敢轻易地扩大供应规模，同时，企业的日常开支、采购、财务、现金流运作已经形成稳定的状态。如果接受供应链金融的融资，企业会思考提早回的款能不能用于拓展业务，一旦拓展了业务，万一融资不能继续，这笔资金还要填回原来的业务里，反而会带来经营的混乱和风险。所以，在提供供应链金融方案的时候，银行只有形成稳定的资金供给结构，才可能打消中小企业的顾虑。

（3）缺乏资金管理人才，资金的运作水平不高

其实中小企业是具备强烈的发展意愿的，只是对融资的稳定性缺乏信任。更重要的是，相比在自有资金的基础上拓展业务，一旦启动供应链金融融资，对企业内部的资金管理和财务管理水平的要求是完全不一样的，可是中小企业非常缺乏这方面的资金管理人才，也没有资源投入建设资金管理系统，于是对接受供应链金融融资会产生一定的顾虑。

虽然中小企业有许多顾虑和担忧，但是，如果供应链金融方案能够帮助中小企业加快发展速度，提高企业盈利能力，有成长愿望、愿意改变自身生存环境的中小企业还是会很积极地抓住发展机遇的。成长型企业是时代的要求，适者生存，中小企业是明白这一点的。

发展才是硬道理。要让中小企业愿意使用供应链金融创新方案，不仅要在位置和场景上下功夫，提供稳定的资金供给结构，还要给中小企业提供增量业务，只有这样才能改变中小企业的认知和习惯，使供应链金融得到普及，产生真正的社会价值。

2. 核心企业不配合，是因为没有带来好的改变

对核心企业而言，在现有的财务制度、采购制度、可支配授信额度下，要配合银行开展供应链金融实践是有难度的，想要改变现实条件也是非常困难的。

核心企业更关心的是，是否能够通过供应链金融扩大市场销售规模、增强竞争能力、增加收入和利润。在电子商务时代，核心企业的销售端产生巨大的变革压力和适应性需求，如果供应链金融能助力核心企业变革，满足其增长性需求，相信核心企业会感兴趣，并予以支持。

核心企业希望不使用自身的可支配授信额度和资源，不增加成本就能够改善与供应商的关系，能够推动产业链、供应链快速升级，增强供应能力，提高供应链配套水平、供货质量和创新能力，以及降低采购成本。

其实，从另一个角度来说，之所以存在账期结构，是因为核心企业本身存在流动资金压力。在正常合理的范围内，保持一定的账期，是一种从外部弥补核心企业流动资金缺口的方式，不能为了解决中小企业的资金问题和成长问题，就把核心企业逼到绝处。

对提供供应链金融的银行而言，应客观地看待核心企业的不配合行为。如果银行能够为核心企业提供支持，协调更多的资源帮助核心企业转型升级，供应链金融就容易得到核心企业的大力支持，核心企业会主动配合银行开展供应链金融融资。

我们可以通过有价值债权分析供应链金融的切入点，但能让各方接受的场景却很难设计，场景设计要满足各方的价值诉求，让各方都愿意接受。只有给各方都带来安全的增量业务才能让各方愿意接受。资源的增量、业绩的增量、管理优化升级是每一个企业都非常看重的，有成长意愿的中小企业如此，核心企业也是如此。供应链金融只有给规模体系、成长体系、信用体系带来新的安全的增量资源，才会获得各方的高度认可。

第二节　需求之困：合并刚需

研究供应链金融，不能仅研究如何解决中小企业融资难、融资贵的问题，还需认真地研究清楚供应链金融能够给核心企业、银行，甚至给产业链、供应链、带来什么样的价值。这些价值绝对不能是表面的价值，必须能够解决深层次的发展诉求，否则是不足以调动各方参与积极性的。

研究供应链金融的整体需求结构，应该对所有参与者的需求进行准确深入的研究。这种需求不能是单方面的，而应该是各参与者的关键诉求，应该是合并后站在各方的角度上，依然存在巨大价值的需求。

本节就核心企业、银行的需求和现状进行分析，从产业链、供应链的现状及发展趋势的角度挖掘各方深层次的诉求。

一、产业链升级落脚点：整合创新，提高生存能力

产业链是由不同上下游产业间形成的具有对接机制的互相制约、互相发展的企业群关系形态，如果以产品为脉络，那么形成的生产和交付该产品所需要的、具有生产关联性的群体，应该有狭义和广义之分。

狭义的产业链，应该是由作为主线的链主企业，加上配套的各级上游生产企业所构成的。

广义的产业链，是指相互协同配合的特定生产制造组合，依据链主企业所需求的不同具体产品，提供零部件生产配套的产业群体。

产业链边界如图 2-7 所示。

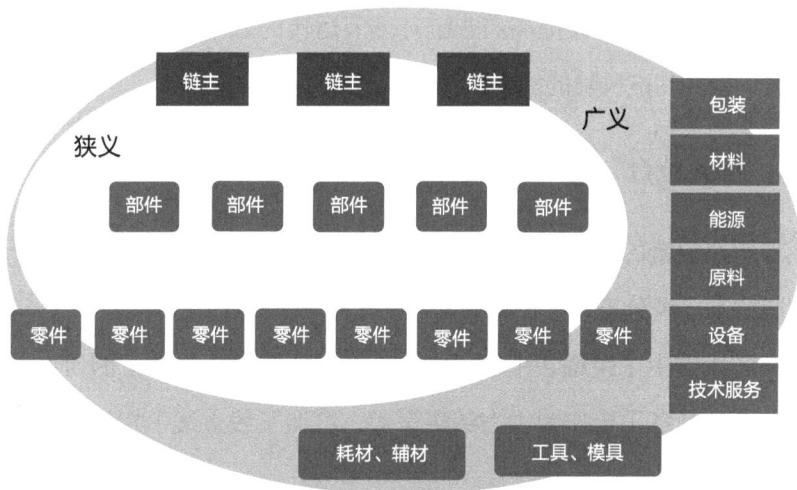

图 2-7　产业链边界

白色家电产业链、汽车产业链、日用化妆品产业链、智能电子产品产业链、服装产业链、家居产业链等，算是狭义产业链，由多家链主企业和多级专业配套生产企业所构成。

以产品为边界的外围产业链，提供基础材料和服务支持，如包装、材料、

能源、原料、设备、技术服务等，这些产业加在一起构成的产业链，可以算是广义的产业链。

产业链要创新升级，或者要打造具备国际竞争力、独立自主的产业链，首先要形成高效的产品研发及创新体系，以适应和引领社会多层次需求的变化。

其次，要开展生产组织方式的创新和市场销售模式的创新，尽可能争取市场订单、提高市场份额、降低成本、扩大销售规模、增加利润、优化产品质量，尽可能独立自主地面向国际市场开展业务，减少对品牌商订单的依赖。

再次，要保证配套产业链的所有环节都能独立自主地进行生产，攻克技术难关，苦练产业链的内功。

最后，要应用金融工具提高产业链各环节运转的效率，促进产业链上各企业快速成长，提高其抗风险的能力。

1. 从"创新整合"到"整合创新"

纵观当下产业链的产品创新体系，手机产业链的运转无疑是高效的。整合设计和制造体系已经分离，手机的组装和生产全部 OEM（定牌生产），这种新的市场生存环境催生了荣耀、小米、OPPO 等新型社会化大分工的自主品牌产业链，并以电子商务平台作为主力销售渠道，打造了线上线下相结合的现代商业结构。

在手机产业链中，为保证满足消费者需求的产品能够快速迭代，建立了覆盖产品全生命周期的"客户需求、协同研发、产品设计、生产制造、市场反馈"等高效协同的沟通体系，从需求采集到研发生产，再到交付给客户，形成了多产品系列高效运转、高频迭代的运作模式。

手机产业链中的链主企业，为改变利润结构，将产品的返修率尽可能地降到零，这样产品上市后，就能大幅减少售后的综合成本。这不仅可以提升产品的口碑，还能产生更多利润。

链主企业为保证产品质量可靠，减少沟通及协调管理成本，形成了一种新的供应商管理方式，即不同产品系列的每一种零部件的供应商不允许超过3家，而且为了配合产品的高频次迭代，要求每一家供应商都要有很强的独立研发能力和很高的制造保障水平。

通过承接大量的订单和产业升级，手机产业链中的零部件生产企业均在各自的细分领域越来越专业，创新能力越来越强。很多零部件生产企业具备很强的产品研发能力，系列产品不断迭代，其创新研发的能力可以倒推链主企业系列产品的迭代。

这样的产业链发展模式，使各配套的生产企业也都发展得很好，有的规模甚至不输链主企业。这种现代产业链上，各企业之间的关系已经不完全是甲方和乙方的关系，而是合作共赢的关系。

可以看到，手机产业链上各企业分工很清晰，从而使这个行业整体的创新力、研发力、协同力都比较强。

除手机产业链外，一些先进的产业链，包括国内一些新兴的具备互联网基因的产业链，如小家电、新能源汽车等产业链，也开始出现类似的运作形态，如案例 2-4 所示。

案例 2-4

汽车系统总成的整合创新逻辑

一次笔者在一家上市公司调研，这家公司是保时捷、宝马等汽车的电子系统总成供应商。

每年保时捷和宝马都会与该公司就产品进行沟通，了解有没有研发的新品和新系统。如果有独创性和标志性的新品，保时捷和宝马甚至会花钱买断几年的特供权。

当时，这家公司研发了一种新型隐藏式乘用车空调系统总成，这种空调在汽车上的出风口是隐藏的，只有用户启动空调的时候，出风口才会缓缓地显现出来。

保时捷当时就看中了这一产品，很快就与该公司签订了五年的排他性采购协议，用于保时捷汽车的一种可选配系统总成。

换个角度来看，保时捷的采购部门在选择供应商的时候，是看供应商有什么创新的产品可以整合，逻辑是"寻找创新产品为我所用"。这需要保时捷的采购和设计部门紧密协同、共同推动创新才能做到。也有很多企业的创新方式是"独立自主进行研发，然后让采购部门去寻找可以配套的供应商"，这说明采购部门和设计部门还没有紧密协同、共同创新。前者是"整合创新"，后者则是"创新整合"。

整合创新是激励产业链上的所有企业成为创新者，每一个企业都在自己的专业领域不断地深耕、不断地创新，由链主企业整合多方的创新成果。

创新整合是仅链主企业单方面创新，根据创新的产品生产需要，寻找能够满足生产要求的零部件厂商与之配套，整合产业资源完成生产。

整合创新中，链主企业的创新体现在客户需求把握能力、整体设计能力和整合协同能力方面，即不断地锻炼并形成高效整合创新能力和创新平台的协议规则，并将客户的需求不断地传递给产业链上其他成员，要求产业链上的其他成员按照标准协议进行研发创新，寻求更佳的组合解决方案，逐渐形成具备标准协议的整合创新平台。

产业链上的各配套生产企业，在自己的细分领域往往是十分专业的，也是十分专注的，在竞争压力下，其创新的积极性也是十分高的，采用新技术、新材料的速度也是十分快的，因为这样可以更具竞争优势，获得订单。

手机、汽车、智能机床等终端产品，都是由众多的零部件集合组装形成的，这些零部件生产企业在各自领域深耕多年，具有非常专业的理解和认知。形成整合创新平台，有助于充分地挖掘和发挥产业链整体的创新能量。

整合创新模式的产业链，由具备整合创新能力的链主企业和具备独立创新能力的零部件生产企业所构成。各零部件生产企业要具备独立创新能力、创新经验，在人才、设备和经费上都要有所投入，这不是现在大部分的中小企业能够做到的，因此产品要创新升级，需要将生产配套零部件的中小企业升级。

2. 发展电子商务

商品信息传播媒介的变化推动了商业文明的发展，决定了社会经济以什么样的商业运作结构进行商品的生产、销售和传播。商品信息传播媒介的变化过程可以分为三个阶段。

①口碑阶段。人类有语言以来，"口口相传"是最基本、最原始的传播形式，形成了"口碑"和"诚信"。随着造纸术和印刷术等的发明，传播变得更加有效。该阶段通常以"作坊＋商队"的运作方式来开展商业活动。

②广告阶段。有电话和电视以来，广告宣传大幅提升了传播的速度，扩大了传播的范围，形成了"品牌"和"信用"，商品大批量地生产。该阶段一般以"工厂＋经销商"的运作方式来进行生产组织和传播推广。

③信息阶段。有互联网和移动终端以来，"信息交互"使需求和制造无缝衔接，使个性化的需求能够得到满足。该阶段逐步以"电子商务＋协同智造"的运作方式来开展大范围的商品信息传播。

电子商务使商品脱离了对渠道商、中间商、多级仓库流转等中间环节的依赖，大幅减少了信息传播和中间环节的费用，社会供应链体系成本大幅降低、效率大幅提高，商品能直达消费者手中。

协同智造和智能化工厂的普及，使商品质量大幅提升。同时，"智慧供应

链 + 智慧物流"使商品传播的成本进一步降低，整体效率大幅提高。"电子商务 + 协同智造"让满足个性化需求的优质商品直接触达消费者，改变了消费者"大品牌才有保障"的认知。

在互联网时代得益于信息交互，高效快速的个性化制造交付体系得以成功建立，研发速度和制造生产速度大幅提高，个性化交付能力越来越强。

这些因素的叠加，在全球范围内推动了物美价廉、个性化、去品牌化、智能化、可回收、低碳节能环保等丰富的市场消费时尚的涌现。近几年涌现的"国潮""国替"，正是这一现象的体现。

电子商务与传统商业模式的冲突，带来了社会结构性变化和意识形态的转变，如案例 2-5 所示。

案例 2-5

仅需 65 万元的商业运作模式

笔者有一位好友在医院工作多年，他是皮肤科医生，有丰富的临床经验和专业知识。他研发了一种基于植物萃取成分的化妆品，并针对年轻人皮肤的特点研发了不同的产品。这位医生找了三位合伙人，一位负责网络营销，一位负责生产制造，一位负责财务，自己负责研发和质量管理。四个人在 2018 年年底注册了企业，开始了创业之路。

通过互联网，他们迅速在义乌找到了几家符合要求的容器和外包装企业，在济南找到了具备化妆品生产资格、已经有流水线且正在生产的制造企业，在淄博找到了符合质量要求的植物萃取商，并与各家签订了试制及长期合作协议。

他们仅用一个季度的时间，就利用这些生产要素从无到有试制出了产品。由于各方面指标均合格，产品很快就通过了安全认证。他们仅用了 30 万元的启动资金，就完成了从产品研发到生产制造；并投入了约 15 万元，通过各个电子商务平台和直播带货渠道将产品推向了全国市场。由于物美价廉，该产品在年轻人群中很快就获得了认可和好口碑。该企业按月度订单进行生产，通常 2 天就完成生产，周转库存量很低，平均每月仅需要 20 万元的流动资金就能保障整体业务的运行。

这家企业仅用 65 万元，半年不到就完成了从产品研发到生产制造再到市场投放，这在传统商业模式中是根本不可想象的。在传统商业模式中，从需求调研、产品立项、产品研发、市场策划、渠道策划、组织生产、广告投放、区域铺货、备货，一直到市场投放，少则一年，多则两年，需要投入上千万元，甚至数亿元资金。

具备敏捷制造和快速交付能力的产业链及供应链，通过电子商务直接对接全球市场，形成了新的商业结构和逻辑。

在传统商业结构中，即使只是生产笤帚，如果没有覆盖面广的销售渠道，也很难做大规模。市场投放面越广，在途库存就越多，占用资金就越多，经营压力就越大。

电子商务让商品从研发到销售的各个环节都发生了颠覆式的变化，推动着传统商业的底层结构发生巨变。

3. 产业链升级：关键是解决综合付款周期问题

产业链的升级除了要顺应商业模式的变化，还要调整生产组织的运行模式，更重要的是要改变产业链中企业现金流的结构，匹配低成本的资金安全精准地整合金融支持。

（1）综合付款周期惯性结构限制了产业链成长

由于存在综合付款周期，零部件生产企业缺乏流动资金，就会有多少钱做多少事，链主企业的零部件供应商数量就会大幅度增加。例如，经过调研，一家生产发动机的企业，仅"曲轴"这一个核心零件就有 20 多家供应商，一部发动机有数千个零部件，生产发动机的企业就有数万家供应商。一些生产冰箱和洗衣机的企业，居然有超过十万家供应商。

因为零部件供应商数量多，链主企业的采购管理十分复杂，合同管理、采购关系管理、库存管理、质量管理、财务管理、收付结算管理等工作量极大。而零部件生产企业为保障生产的设备、工艺、模具是重复的，整体应变能力、研发能力、产品创新能力都很弱。

这给产业链的成长带来了巨大的阻碍，综合运作成本和管理成本高，整体创新能力很难提升。

（2）综合付款周期惯性结构抑制了链主企业升级

链主企业想要重构供应链体系，将其调整为整合创新体系，关键就是要减少零部件的供应商数量，瞄准优质供应商，培养和扶持有创新能力的供应商快速成长。

要达成这一目标，链主企业就需要解决综合付款周期问题，给优质的供应商解绑减负，否则供应商的数量减不下来。但是，往往链主企业自身的授信条件、已经固化的采购及结算流程、可支配资金资源不足等问题，是链主企业推动供应链体系变革的根本障碍。

链主企业在产业链升级环节，与配套企业是相互依存、相互保护和相互支持的。

反观传统制造业，由于存在严重的综合付款周期问题，配套企业不能发挥多角度支撑的作用，数量多，指挥协调就难，从而很难形成凝聚力。产业链升级其实就是将围绕着链主企业的数量众多的配套企业，升级为有专业分工的、具备独立生产能力和协同能力的企业。

● **小结** ●

在"电子商务＋协同智造"新经济模式下，企业不应仅从事代工业务，还应不断实现自我突破。企业不仅要拼命发展自身、补齐短板，还要升级产业链和供应链，顺应时代发展趋势。

二、供应链蜕变的核心：高效可靠的金融供应链

供应链是在生产及流通过程中，涉及将产品或服务提供给最终用户的活动的上游与下游企业所形成的网链结构。

供应链也有广义和狭义之分。广义供应链是运营和支撑商品传播的体系，包括从销售到最终交付的全过程和产业链之间的所有商品传输行为。

狭义供应链可分为两类：一类是采购端发起的采购行为，称为采购供应链；另一类是从供应端发起的供应行为，其中包含上游生产企业的直供行为和通过供应链公司完成供应的行为。供应链公司组织供应，不进行任何形式的加工和生产，仅提供端到端服务，这种供应链又称为贸易供应链。供应链领域结构如图 2-8 所示。

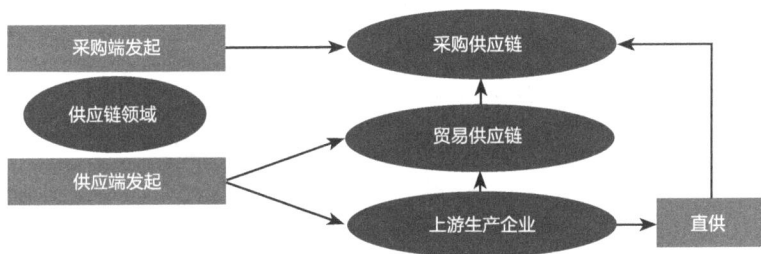

图 2-8　供应链领域结构

在推动社会发展的过程中，供应链系统一直不断降低物流成本、增强运输安全和加快商品运输，在社会经济中扮演着极其重要的角色。

1. 供应链的前世今生

在古代，运行了数千年的商队、马帮和驼队，在荒郊野外，跨地域运输商品，而恶劣的经商环境催生了镖局和钱庄。这些要素构成了农耕时代的社会供应链体系。

无论商品有多好、多么招人喜爱，用这样的社会供应链体系进行商品运输，成本极高、效率极低、损耗极大，只能发展出作坊。

工业文明时代出现了火车、轮船、汽车和飞机，极大地加快了商品运输效率，大幅降低了运输成本。由于供应链系统能力的大幅度提高，生产力水平大幅提高、生产规模大幅扩大，因此成就了巨型经济单元体，现代公司得以快速发展。

企业不断整合各种资源高速发展，在相互竞争的环境中，不断推动组织管理水平提高，逐渐形成了"品牌"；企业通过整合各种"渠道"，通过"品牌＋渠道"构建起了近代大型商业集团的利润核心。以我国为生产基地的全球供应链结构，就是这一体系的典型代表，如图 2-9 所示。

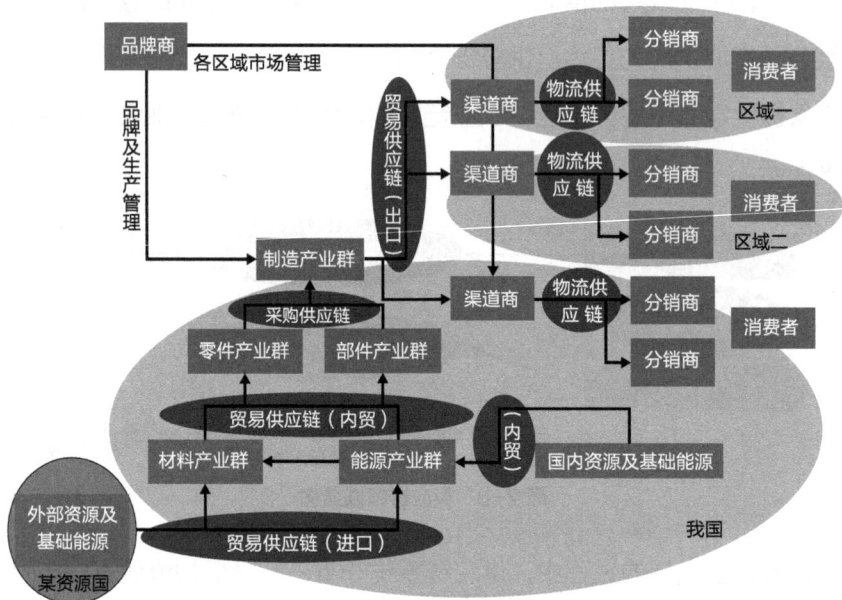

图 2-9　以我国为生产基地的全球供应链结构

图 2-9 中"产业链"与"供应链"相互托举、紧密依存、互相成就。

"技、工、贸、融"正是人类社会经济体系中四个不可或缺的成分。技术是塔尖，工业是第二级，贸易（也可以说供应链）是第三级，金融是基座，就规模和体量而言，四者正好呈金字塔形状。

2. 服务是供应链的本质，在经济结构中必不可少

供应链是生产企业之间、企业和用户之间、买和卖之间端到端的中间环节。供应链业务是通过整合各种从端到端所需要的资源，为满足采购端的采购需求或供给端的销售需求而形成的一种服务业务。

采购供应链更多是指由核心企业发起的采购管理行为，通常我们所说的"供应链"是企业之间的供应链。

（1）供应链是必要的中间环节

产业中为什么需要供应链环节？首要原因是生产出库、在途运输和验收入库三者的责任边界不一样，需要清晰地划分。

生产环节的责任是通过整合零部件、原材料、设备、人力资源等，集合各种生产要素，生产出符合客户要求的产品；而供应链的责任是满足各种客户的采购需求，整合各种资源完成端到端的任务，如案例 2-6 所示。

案例 2-6

两家上下游兄弟单位没有直接做生意

一次笔者在一家大型集团企业开展资金统筹管理实施的调研，需要走访集团下属二级子公司，第一批调研对象中有两家二级子公司，正好在同一个办公楼里办公。

笔者整整调研了一天，其间梳理它们的收付结算结构及交易结构，

发现了一个有意思的现象：这两家生产型的二级子公司正好是上下游关系，但两家公司却没有直接的业务往来，有几个供应链公司正好夹在两家公司中间。这两家兄弟单位为什么不直接做生意呢？

笔者当时认为是要防止关联交易的问题，才故意这么做。第二天笔者又去详细了解情况，原因很是让人意外。

两家公司的责任主体不一样。生产企业的责任边界是完成生产交付，不提供任何形式的赊销，对外都"付款提货"；市场紧张的时候，甚至要提前一个月预付，以便协调和安排生产资料。

采购企业是另一个责任主体，责任边界是买到符合质量要求的产品，不承担在途运输风险，不提供任何形式的预付款，采购对象也很多，统一规定"货到验收后，走审批流程付款"。

所以，生产企业要求"款到发货"，采购企业要求"货到付款"，二者基于不同的责任边界和责任主体，自然没有办法直接签订合同。二者需要增加中间的供应链公司根据采购需求、货源需求、质量要求、价格等因素选择合适的货源；同时还需要根据收货和接货的要求，找合适的物流公司谈好运输方案，物流公司根据交货和采购的需求，将货物安全地运输到下游，并为此承担在途运输的风险和在途转运的货损，以及从付款提货到采购支付的综合付款周期之间所产生的业务开支。

生产企业和采购企业是两个不同的责任主体。几乎所有的大型企业都执行岗位主体责任制，不同的岗位需要承担不同的责任，否则，过程中一旦产生问题，主体责任和其他的相关性损失责任就不清晰，不便于管理。

一家公司要求"款到发货"，另一家公司要求"货到付款"，从而需要有能提供端到端服务的供应链公司来完成中间工作。供应链公司不仅要付款提货，还要承担协调各阶段的运输工具、协调中转仓库等的中间运输任务。最终，将货物安全交给采购方，并根据采购方的付款结构，收回货款。

中间的供应链公司是一个独立的责任主体，需要承担产品采购及运输费用，承担在途运输风险、在途期间价格波动风险，以及在途货物可能的损失，最终需要承担采购方的综合付款周期和可能存在回款难的风险。

（2）供应链是不可或缺的环节

第二个重要的原因是社会需要专业化分工。

供应链环节是追求端到端配置最优解的中间环节，且很多行业的中间环节专业性强，例如危险化学品、煤炭、冷藏品、汽车整车等。而供应链的综合能力能够直接决定行业的经济运转速度、效率和成本。

各领域中专业供应链公司，需要对货源情况、价格变动情况、物流运输环境、仓储环境有充分的认识，并能综合考虑质量要求、货源地远近、运输方式、运输时间、综合成本、在途损耗、价格差异等多方面的因素，寻找最优解以获得竞争优势，赚取能够使中间环节提高运转效率、降低运转成本、提高资源配置效率的价值收益。供应链是社会专业化分工的重要体现，如案例2-7所示。

案例 2-7

生产企业精通的是生产，而非流通

笔者曾经在一家盐业集团调研，领导在与我交谈中，聊起一段往事。有一段时间市场环境不好，集团产品销售不佳，于是集团尝试了赊销和直销等促销手段，结果出现好几笔钱收不回来的情况。

另外，运输资源的协调是一个系统工程，管理复杂，自己来做相较于专业公司完全不具备优势，中间环节管理难度和复杂性高，很容易失控。

市场销售对象太多太杂，有超市、化工厂、食品加工厂等各种客户，回款方式也都不太一样，有很多不确定性。为此，集团需要建立一个市场团队，跑市场、拉客户、催回款，但差旅报销、人员管理等方面衍生出一堆问题，增加了管理成本和营销开支。

同时，货物在途中和在外部的中转库中，可能产生各种不可预知的风险，出库、进库有损耗，计量设备有差异。日积月累，数据对不上，审计核查工作量大。

从生产到入库、销售，最后到回款，财务工作范围和工作量变大，还要考虑在途风险、履约风险等很多因素。

保障安全生产、设备正常、产品质量和新品研发已经是繁重的任务，再增加销售和物流环节，不仅成本和费用高，管理压力还大。

于是经过一段时间的论证，集团最后决定停止赊销和直销，宁愿稍微让利，与专业的供应链公司合作，外包经营，付款提货。这样一来，成本和风险都减少了，销量增加了，利润也增加了。

从案例 2-7 可充分体会到"专业人干专业事"的重要性，专业化分工有助于节能降耗，提高效率。

（3）供应链是产业链竞争的关键

全球产业链的投资和布局，首先要考虑涉及的国家是否稳定，其次要考虑是否具有高效、快捷、配套的供应链体系。

在国际的产业链竞争中，高效的供应链体系是重要的核心竞争力之一。我国举全国之力进行了多年的基础设施建设，包括正在进行的新基建，这些都有助于提高社会供应链的系统效率。

这些优良的硬件条件，可以让我国的供应链公司进行更优质的业务创新，更安全、更稳定、更高效、更经济、更可控、更智能地提供服务。

3. 为达成目标，供应链需要进行功能组合

完成从端到端所要求的服务，是一个复杂且需要分工合作的过程。由于很多供应链公司的资源背景和能力背景存在差异，因此在完成端到端服务的过程中，需要多个公司分工协作。

像京东物流这样具备全链条、全能型服务能力的物流类供应链公司是非常少的，大部分供应链公司侧重某个业务领域，特别是针对企业端和大宗商品交易的供应链公司。

供应链公司有的侧重业务设计与运营，有的侧重提供资源与管理，有的侧重物流、仓储和运输。不同的供应链公司还因为行业特殊性和业务特殊性存在很多的差异，例如，有的侧重危险化学品，有的侧重冷链，有的侧重农产品，有的侧重大宗商品。

不同的供应链公司的业务、能力和行业特点等差别很大，根据在供应链业务中发挥的功能，供应链公司可分为业务运营型、物流支持型和资源型。

（1）业务运营型供应链公司：整合资源以完成业务

业务运营型供应链公司大都对客户的采购需求非常了解，对行业状况及价格波动情况非常了解，对货源和产品来源非常了解，对物流方式、物流成本、交易成本等因素非常了解，拥有很强的资源嫁接能力和业务设计及运营能力。这类公司以达成供应要求为目标，组织各方资源实现对业务全过程的设计与运营。

业务运营型供应链公司往往是供应链环节中业务结构的设计者，其基于客户的采购要求、采购条件和能够提供的交易结构，综合货源、价格、质量、物流及中转运输方案、物流成本、交易结构、资金、综合成本方案等条件，合并设计业务协同运转的最优解。

开始执行业务后，在从货源采购到最终交付的过程中，业务运营型供应链

公司作为全链条中的运营管理者，疏通卡点，解决突发事件，协调和衔接各配套资源，保障业务的正常运转，并最终完成供应任务。

（2）物流支持型供应链公司：完成端到端的物品转移

物流支持型供应链公司使用自身资源为物品的转移提供相应的服务。传统的物流支持包括汽运、水运、集装箱、专用货柜、中转仓库等在内的服务，近年来则涌现出诸如仓储平台、货运代理、多式联运等整合型服务。

①仓储平台：在某个专业业务需要覆盖的区域，拥有众多的、统一进行数字化管理的仓储类集团。其根据供应链业务需求，提供基于跨地域仓库资源的托管、中转、集散等服务。

②货运代理：简称"货代"，目前主要针对外贸出口，提供接货、运输、报关、交割等委托型物流服务。

③多式联运：根据业务的运输需要，协调组合水运、汽运等运输资源，形成物流外包端到端的整合服务。

（3）资源型供应链公司：以不变应万变

资源型供应链公司就是拥有特殊资源的供应链公司，其要么有优质的货物资源，要么有大规模的资金资源，这些资源都是稀缺资源。特别是在大宗商品领域，这些资源优势异常突出。如果资源型供应链公司具有优质资源，业务常常会主动找上门。为降低风险、提高收益，资源型供应链公司需要按自身要求挑选优质的业务。

资源型供应链公司通过既定、安全、有效的风控结构和业务偏好，在业务运营公司愿意接受的范围内，提供相应的资源，参与业务运营。供应链组合保障环节如图 2-10 所示。

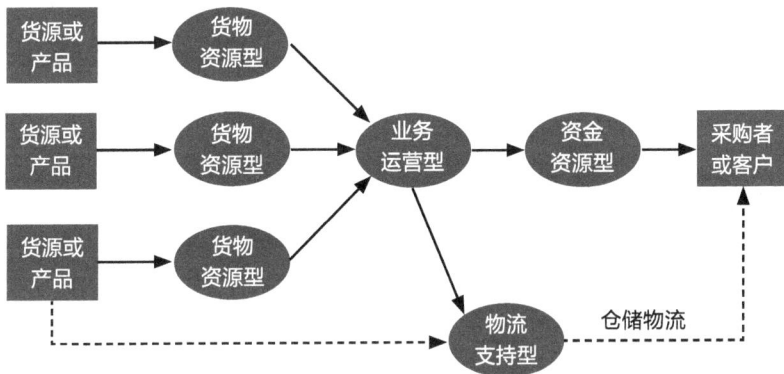

图 2-10　供应链组合保障环节

图 2-10 中所示的货物资源型和资金资源型都是资源型供应链公司，在供应链中提供独特的、不可或缺的资源，当然也有一些大型资金资源型供应链公司与业务运营型供应链公司是一体的。

4. 资金密集的供应链

供应链业务中的采购大都"款到发货"，有些还需要支付一定比例的预付款，而供货后的回款往往存在综合付款周期，这使供应链公司的资金占用周期相对较长，开展业务需要使用的资金较多。因而，资金成为供应链环节中不可或缺、异常重要的特殊资源，直接决定着业务能否运转，也决定着业务的规模。

以大额进口业务为例。在签订进口合同后，进口商需要先开具信用证给海外货源方；货物到达口岸，在报关前就需要全额解付，然后才能卸货；完成入关手续后，转入内贸阶段；根据内贸的付款提货流程，分批收款、销售库存。资金占用周期覆盖了货物抵达港口之后的全过程。进口贸易流程如图 2-11 所示。

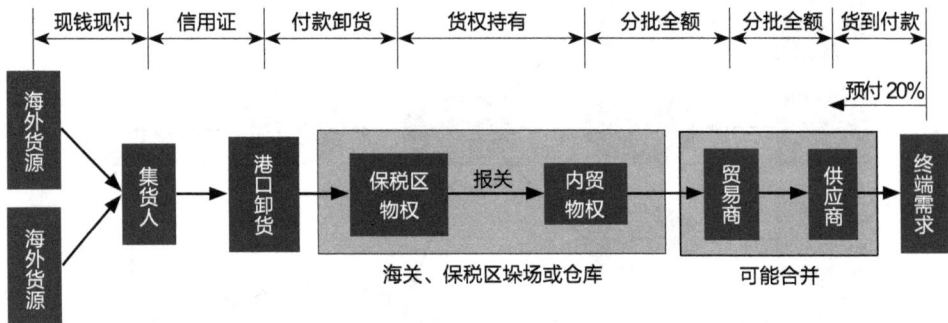

图 2-11　进口贸易流程

进口贸易结算如图 2-12 所示。

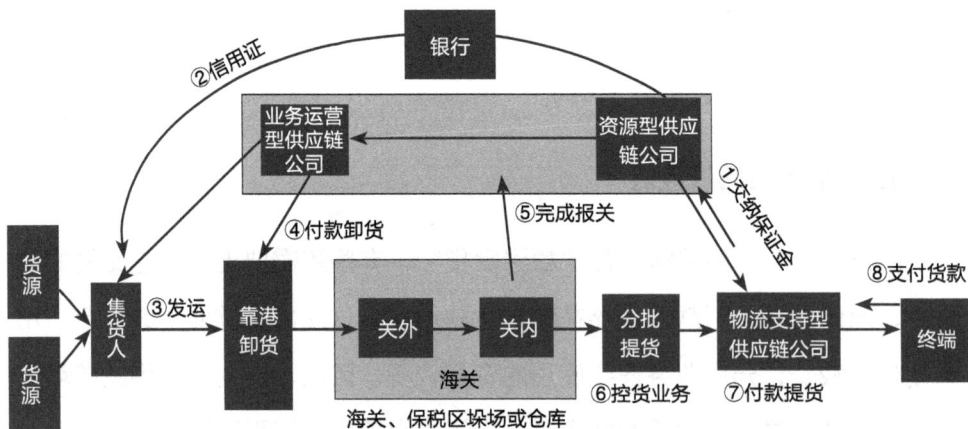

图 2-12　进口贸易结算

大宗商品的内贸过程类似，只是把海外换成国内，把海关变成国内的某仓库，把信用证换成现金或票据。

5. 引入供应链金融，优化供应链业务

在供应链业务中，除使用信用证等方式保证交易之外，大部分的业务都是使用自有资金来开展的。

很多集团支持业务的自有资金之所以使用成本比银行高，除业绩考核等因

素外，更重要的原因是资金大都来自银行流贷，由于年度资金利用率通常只有50%~70%，企业的资金使用成本折算到单笔业务当中就会偏高（本书第一章第一节中有详细介绍）。

集团可尝试下拨一些银行贸易金融的专项额度，给下属的供应链公司开展业务和贸易，并使用这些额度选择反向保理等银行的供应链金融产品，替代部分集团自有资金开展业务。优化内部的资金使用结构，不仅可以降低资金使用成本，缩小资金占用规模，某种程度上，还能大幅降低资金风险。

使用自有资金开展业务，压力较大，且所有的压力都在己方，无法转移给供应方。使用反向保理，可以将业务正常回款周期控制在向银行承诺的反向保理期限之内，留足余地。这样可以将融资主体和利息承担者都变成供应方，而业务回款周期越长，供应方承担的利息就会越多，回款压力由此转移给了供应方，集团因此能够得到供应方后期的大力配合，从而达到控制业务风险的效果。

———— • 小结 • ————

供应链是产业链中非常重要的环节，并不是人们普遍理解的赚差价的中间商。环节不能太多，否则物极必反，而事实上也不会太多，因为采购差价的空间和流转税的结构，能有效地控制中间环节的数量。

如果能增加针对供应链及贸易业务的流动资金供给，降低供应链公司开展业务的资金使用成本，中间环节的数量会更少。

产业链和供应链的责任主体是不同的，虽然运转方式有很多不同，但对国家经济而言，都是同等重要的。若想打造国内国际双循环，建立全国统一大市场，推动各产业链升级，提高产业链的国际竞争力，需要重视研究供应链环节，思考如何进行能力提升、效率提升，加强金融支撑，降低综合成本，提高企业利润，降低中间环节的整体费用，加快发展现代产业链体系不可或缺的高端服务业。

三、银行服务实体经济的基础：伴随企业成长

这么多年，银行一直在坚持创新，但努力了这么久，在供应链金融领域的创新却远远达不到预期。问题出在哪儿？是什么阻碍了银行的创新？

1. 银行解决不了的两大核心障碍

所谓"核心障碍"，是指仅靠银行根本解决不了的障碍。

（1）债务确权障碍

很多银行供应链金融的研究人员努力多年一致认为，银行开展债权类供应链金融的核心障碍是如何让核心企业对其存在的债务进行确认的问题（确权障碍）。只要核心企业能向银行提供明确的"债务确权"，就能非常顺利地开展保理或反向保理，银行就能准确地确定债权的真实性、有效性和唯一性，将确定的债务变为确定的还款来源，有效控制信贷风险，大面积、大规模地开展相关金融服务。这意味着只有攻克"债务确权"这一难题，才能真正使金融回归实体经济，提供实体企业所需的流动资金。

银行需要认识到 "债务确权"最好由核心企业（债务方）主动发起，这样核心企业就可以根据自己的意愿，选择性地挑选供应商提供"债务确权"，理清所有正在进行、在途未到期、到期、历史确权的情况，不同供应商确认的笔数和金额、在途的最后期限、对应的收方银行账户等，从而既可以对"债务确权"行为进行有效的管理，又能避免重复确权。

核心企业（债务方）向银行提供的"债务确权"，应确认以下四个具有法律效力的事实和义务。

①确认与该供应商的合同真实有效，该笔应付账款中愿意确认的金额（有的合同会滚动发生，可能每月都有应付账款），避免由供应商提供债权信息，杜绝造假空间的存在。

②确认发票已收讫，供应商已无法作废，避免该笔应付账款存在颠覆性变化。

③确认付款的期限，到期时没有任何理由拒绝或调整支付，避免产生纠纷致使发生融资后应付账款因故被取消。

④确认在支付时，一定会支付到银行指定的供应商账户，避免债务方支付到供应商别的账户，造成未还款被挪用的风险。

只有这四个方面的内容均得到核心企业（债务方）确认，才能称为完整有效的"债务确权"行为。至于如何获得债务方的"债务确权"，债务方愿不愿意确权，这里先不讨论，重要的是，要明确什么是完整有效的"债务确权"。

（2）处置权障碍

银行属于金融机构，不能直接参与业务成为中间环节。银行与业务的合同关系如图 2-13 所示。银行既不能成为供应商，也不能成为采购者，无法直接拥有债权和物权，没有债权和物权的直接处置权①。一旦债权或者物权出现纠纷，银行不能直接处置，只能提起诉讼，最后等待法院拍卖或以其他间接的形式处置问题资产。

---

① 直接处置权：当借贷人还不上本金的时候，可以直接转卖问题资产。与之对应的是间接处置权，就是只能通过法院拍卖或是将信贷资产以不良资产转让的形式卖给资产管理公司，再由资产管理公司去处置物权或是债权。

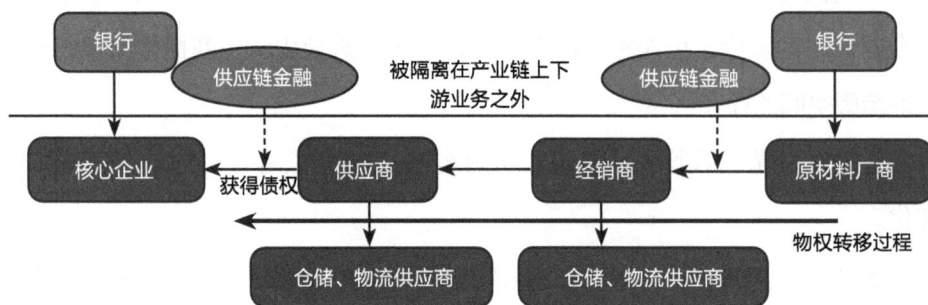

图 2-13　银行与业务的合同关系

存在处置权障碍，意味着银行不能在问题资产发生纠纷时及时、快速地进行处理，既不能使用债权直接向债务方提起诉讼进行维权，也不能直接将物权进行转卖和变卖来弥补损失。这意味着银行在开展供应链金融的领域，存在严重的风险控制缺失，即"风险敞口"，没有实现风险控制的闭环。

2. 银行供应链金融：应研究如何伴随企业成长

金融要服务实体经济，需要将思路逐步调整为如何伴随企业成长，既不是"锦上添花"也不是"雪中送炭"，只有这样才能有效地为实体企业开展业务，提供匹配的金融服务。

"锦上添花"和"雪中送炭"本质上都反映了一种风控的思维。企业的经营状况、信贷偿还能力，是动态的、不断变化的，企业需要不断地调整自己，适应需求、市场和社会的各种变化，应对非常激烈的竞争。否则，企业不进则退，很快就会走向衰亡。

实体经济的特点就是"变"。适者生存的法则，决定了"变"才是实体经济永恒不变的主题。

银行作为外部金融机构，最害怕的事之一就是企业在"变"，因为不知道企业是在"变好"还是在"变坏"，能否持续"变好"，会不会突然"变坏"。

银行很难对不断变化的企业，进行准确、实时、有效的了解，只能通过外在的表现形式，评估企业的财务水平和偿还能力，依托其他的防护措施，谨慎地提供金融服务，如案例 2-8 所示。

案例 2-8

贷后管理，行长安排客户经理数车的数量

曾经有这么一桩趣事。有一次，某位行长响应市政府的要求，给市里扶持的一家具有高成长性的轻资产高科技企业提供信贷支持。该企业的财务报表数据非常优秀，业绩增长也很快，由于没有抵押物，分行特批了几千万元的信用贷款。

自从信贷投放后，这位行长就开始失眠，还常常噩梦连连半夜惊醒。他非常担心，万一这钱企业还不了，自己就要终身追偿，至少是要暂时停止一切职务，直到追回贷款为止。

于是这位行长就设计了一个风控评估的贷后监察办法：让客户经理不定期去这家科技企业，数一数员工停放的汽车的数量。如果车有增无减应该就是经营正常，如果车开始逐渐减少，有可能企业要出问题。

日子一天天过去了，一切都很正常，突然有一天，客户经理汇报："楼下的车都空了，一辆车都没了。"这下可把这位行长给吓坏了，一夜未眠，又不敢打电话询问，担心打草惊蛇。第二天一早，赶紧组织队伍去这家企业开展走访调研。

原来这家企业业务和市场有了更大的发展，业绩太好了，老板一高兴，组织全体员工坐飞机去公费旅游，所以楼下一辆车都没了，虚惊一场。

银行站在外面看企业是行不通的。要服务于实体经济，不管是锦上添花，还是雪中送炭，都不是应变的最好方式。能够随企业变化而变、适应变化，伴随企业成长，这才是最好的办法。

换句话说，银行应该帮能直接得到订单并且能正常交付的企业，不帮接不到订单或是不能正常交付的企业，不用管企业内部有没有什么变化。金融服务随着一笔笔业务的发生而发生，随着一笔笔业务的结束而结束。

至于企业经营情况，是个动态的变量，银行如果试图利用各种工具和手段去识别和掌握，不仅困难重重，还可能花费巨大。

另外，银行如果继续坚持锦上添花的业务模式，借款单位可能会想尽办法粉饰数据，从财务报表、办公环境、接待规格等各方面来体现自身经营良好。

雪中送炭更加不可取。金融研究者、金融体系的管理者、实体产业的从业者，都不应该希望银行能够雪中送炭，并用开展雪中送炭作为假设条件，来思考金融的创新突破。银行毕竟是金融机构，不是慈善机构。

"锦上添花"和"雪中送炭"会让人在潜移默化中形成固有认知模式，影响银行从业人员，影响有资金需求的企业对银行的认知，不利于营造良好的金融环境。

———— • 小结 • ————

金融要服务实体经济，面对一个"以变为实"的生存体系，不应该用静态的思维去看待，而应探索和寻找适合的方式。"伴随企业成长"更符合金融服务实体经济的要求，这也是供应链金融可以实现的价值。

第二篇

模式与场景

第一篇主要分析了服务实体经济的金融供给体系的现状，企业资金需求的结构和供给现状，供应链金融产品的现状，产业链及供应链发展需求、供应链金融发展困境和现状。

第二篇将结合第一篇的分析，提出嵌入式供应链金融整体方案及其结构，探讨其应用场景及推广应用的价值。

第三章
·

信用为刃：
信用加持的数字化
企业金融

得"人和"可无往不利。

能够获得各方主动配合形成合力，并能长久运行的商业模式，至少需要构建以下四个不可或缺的底层基因。

①满足各方一致的价值诉求。

②能够解决各方的风险隐忧并相互制约。

③各方在结构中的作用正好是互补并不可或缺的。

④各方都有自己的盈利空间。

研究和设计能够大面积推广的供应链金融场景和方案，除了要考虑共赢结构，还需考虑数字化、标准化、模块化的业务运行环境和金融产品。

第一节　融资缺乏信用？
用嵌入式供应链金融来破局

解决中小企业融资难题，重点是解决"中小企业普遍缺乏流动资金"的问题。而存在这一问题的，不仅有广大的中小企业，还包括有一定规模、处于上游的实体制造企业，甚至包括很多处于上游的上市公司（后统称为"供应方"）。供应方面对的这一问题，并不是让其获得真实完整的交易信息就能解决的，问题的根源在于供应方普遍存在"缺乏银行信用"的情况。

单从信息入手，银行只知"该不该贷、可不可以贷"，却无法打消"能不能贷"的顾虑。如果仅凭交易信息，银行就给企业提供一定规模的贷款，金融体系很可能会失控。

①企业融资后还不上，怎么办？

②数据堆砌及数据造假造成骗贷，提供信息的企业要负责任吗？

③企业是个组织，法定代表人有可能发生调整和变化，如何有效找到实控人？能向信息提供者追责吗？出了问题找不到最终责任人，谁来承担责任？

④实控人有很多业务主体，融资后业务切换到其他主体，原主体产生了不良贷款，信息提供者该怎么处理？

更何况，要获得私密、有价值、唯一的，具备法律效力的信息，将付出巨大代价，产生额外的成本，这些成本终将叠加到供应方的融资中，导致利率过高。

很多从事金融科技方案研究的人员，在与银行开展创新沟通时常被拒绝。其实，银行并不是不信任企业、产品、模式和方案，而是没办法忽略可能存在的风险。归根结底，"企业融资信贷"并不是信息问题，而是信用问题。应先解决信用问题，再解决信息问题。

一、植入"管理+信用"，以嵌入式供应链金融应对流动性困境

从可见的对公金融发展历程来看，附加成本低、较为便利的金融，依然是基于"信用向下"的金融。通过核心企业将信用引入供应链金融是非常困难的，即使成功了，资源很少，规模也小。要真正大批量地解决信用问题，需要引入新的信用。

1. 用嵌入式供应链金融来破局

嵌入式供应链金融是从新增信用的角度出发，由银行与一家能够获得专项授信的供应链公司紧密合作，形成组合结构，将这种组合结构嵌入上下游的交易环节中，使供应链公司能够直接拥有债权及物权。嵌入式供应链金融组合结构如图 3-1 所示。

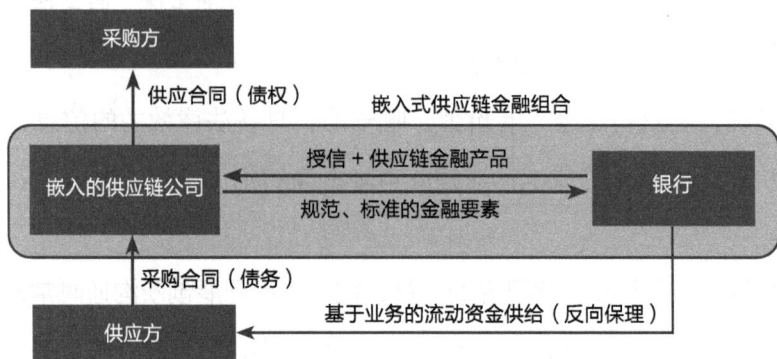

图 3-1　嵌入式供应链金融组合结构

与银行专职合作的新型供应链公司（后统称为"嵌入的供应链公司"），获得债权及物权的所有权及处置权后，将债权和物权中存在的变量及不确定性因素，通过管理转换成标准、规范的受控因素，使之成为可金融化的标准要素，并将单笔确定的金融要素，如交易对手（供应方）、交易金额、合同、发票及单据、付款期限、支付方式、银行认可的收款方账户、支付意愿及责任等信息，明确地传递给合作银行，作为供应方获取供应链金融融资的凭据。

银行使用嵌入的供应链公司的信用敞口额度，基于单笔业务，向供应方提供反向保理。

当债权或者物权出现问题时，不由银行间接处理，而是由嵌入的供应链公司直接解决，将供应方的经营风险与银行的信贷风险隔离。嵌入的供应链公司成为业务管理的桥头堡、防范金融风险的生力军，成为银行向供应方提供供应链金融的桥梁。

银行的供应链金融系统对这些线上的清晰、准确、具体、确定的融资信息，以及"信用来源及信用主体评级"，通过"电子签章"确定其合法有效性，将其组成数字化供应链金融资产。

对于这些标准的底层资产，不仅可以通过"签名验签"进行单笔资产的快速验证，还可以进行单笔资产的替换，并且能使用不同的方式和条件（如信用等级、到期时间、金额、终端客户级别等）进行组包，从而组成可交易的数字化供应链金融资产。

2. 金融与供应链紧密组合，形成独特的供应链金融模式

嵌入的供应链公司是专为银行供应链金融信贷业务服务的机构，能有效植入产业链中，为金融供给提供保障，比传统的担保结构更加安全、更加可靠。嵌入式供应链金融运行结构如图 3-2 所示。

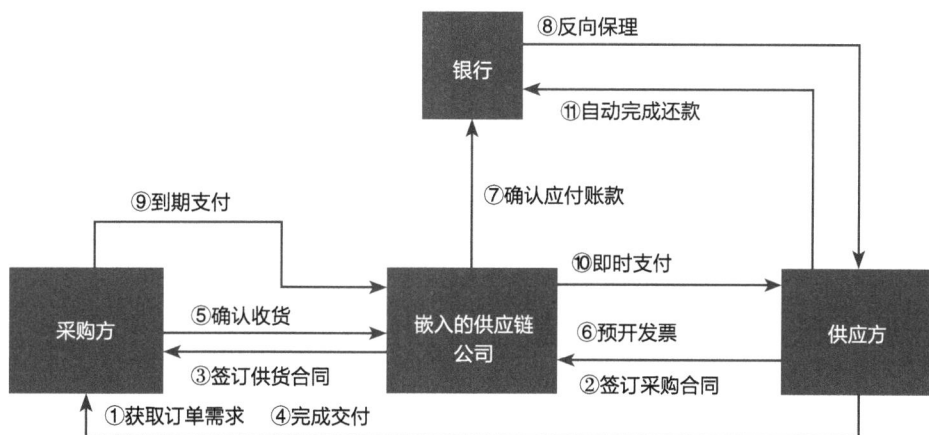

图 3-2　嵌入式供应链金融运行结构

供应方将采购方名单及合同模板、交易结构等业务信息，提供给嵌入的供应链公司。

供应方负责与采购方对接，对订单价格、毛利及综合成本进行测算后决定是否承接订单，如承接订单，则可与合作的嵌入的供应链公司签订采购合同（要将采购方的采购及责任要求体现在合同条款中），然后协助嵌入的供应链公司与采购方签订供货合同。这一阶段的过程见图 3-2 中的步骤①、步骤②和步骤③。

嵌入的供应链公司不负责开拓业务，仅监督、认定和管理业务，保障供应链金融安全运转。

供应方按订单要求完成生产或组织货物后，须在嵌入的供应链公司监督下完成对采购方的交付。采购方进行检验及入库，向嵌入的供应链公司确认签收的数量，供应方可据此数量，按约定向嵌入的供应链公司预开相应货值的发票。这一阶段的过程见图3-2中的步骤④、步骤⑤和步骤⑥。

嵌入的供应链公司通过与采购方及供应方签订合同，获得对采购方的"债权"（应收账款）和未移交的"物权"，以及对供应方的"债务"（应付账款）。

嵌入的供应链公司根据采购方的合同付款结构及历史付款状况，测算出较为安全的付款期限，主动向银行进行应付账款的确认。银行根据确认的对象、金额与期限，占用嵌入的供应链公司的信用额度，为供应方提供反向保理。待采购方如约向嵌入的供应链公司支付款项后，嵌入的供应链公司即时支付给供应方，银行自动扣取本息完成还款。这一阶段的过程见图3-2中的步骤⑦～步骤⑪。

在这一运行结构中，银行和采购方基本保持原有的产品结构、风控结构、运作形态和管理流程，避免了因调整而产生问题，大大降低了推广供应链金融的难度。

3. 五要素构成嵌入式供应链金融的独特价值

嵌入式供应链金融的信用结构、账户结构、风控结构、共赢机制和成本结构是其得以安全应用及普及的基础。

（1）引入活水，建立基于业务的信用传递机制

嵌入新增的信用资源，方能解决产业链中因为缺乏信用产生的流动性融资问题。反向保理信用结构如图3-3所示。

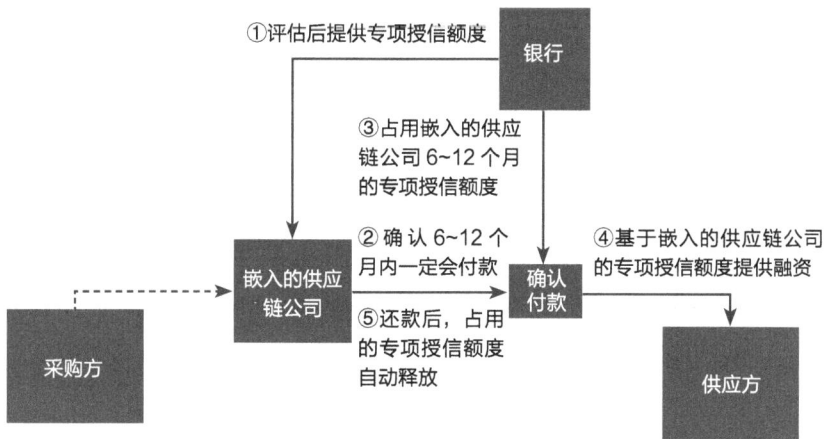

①评估后提供专项授信额度　银行

③占用嵌入的供应链公司 6~12 个月的专项授信额度

②确认 6~12 个月内一定会付款　　　④基于嵌入的供应链公司的专项授信额度提供融资

嵌入的供应链公司　　确认付款

⑤还款后，占用的专项授信额度自动释放

采购方　　供应方

图 3-3　反向保理信用结构

使用反向保理的原因之一，是基于嵌入的供应链公司的信用，银行不需要向供应方授信，不需要供应方的担保和抵押物，供应方只要有符合嵌入的供应链公司安全要求的业务，就能获得流动资金支持。这样银行就能在不依赖采购方（核心企业）信用的前提下，给缺乏信用但是业务订单充足的供应方提供流动资金，形成信用的增量，建立起信用传递机制。

（2）使用账户闭环结构，严控资金风险

在嵌入式供应链金融模式中，银行承担资金风险，嵌入的供应链公司承担业务风险，为此，资金运作的风险控制需要全封闭的运行结构来保障。嵌入式供应链金融模式账户闭环结构如图 3-4 所示。

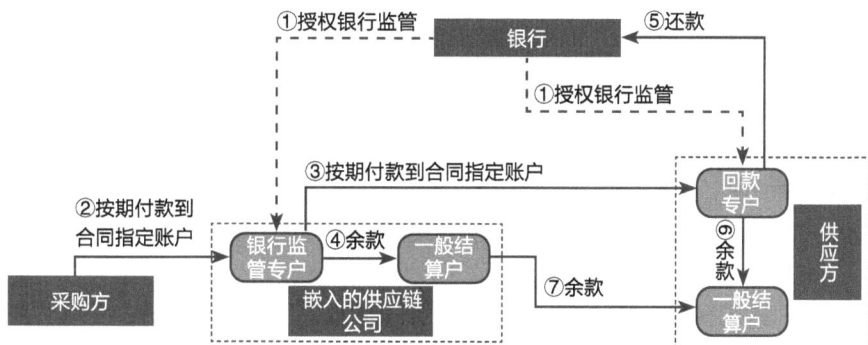

①授权银行监管　　银行　　⑤还款

①授权银行监管

③按期付款到合同指定账户

②按期付款到合同指定账户　　银行监管专户　　④余款　　一般结算户　　⑦余款

嵌入的供应链公司

回款专户　　⑥余款

一般结算户

采购方　　供应方

图 3-4　嵌入式供应链金融模式账户闭环结构

图 3-4 中，为能有效控制资金的运作风险，嵌入的供应链公司和供应方均须在银行开立受银行监管的账户，作为业务与信贷业务组合的交易账户，并将这两个账户作为合同回款的主体，使资金在受银行控制的闭环体系中运转。

开立封闭账户的目的有两个：一是防止嵌入的供应链公司及其上级公司挪用回款；二是防止资金被支付到供应方其他账户而被挪用。

（3）利用期限错配，形成独特的组合风控

嵌入的供应链公司针对采购方实际付款的时间与向银行承诺的付款期限可能不匹配的问题，结合反向保理中的后计息方式，形成嵌入式供应链金融的亮点之一：组合风控。

采用后计息反向保理，供应方可以提前还款，按实际使用时间计息。这意味着嵌入的供应链公司在向银行确认时，可将正常情况下采购方支付的期限适当延长，以尽可能确保自身有较为宽松的时间，在向银行承诺的付款期限之内将款项支付给供应方。

由此，嵌入的供应链公司在回款期限与向银行承诺的付款期限之间有一个弹性的缓冲期，嵌入的供应链公司可利用这个缓冲期建立一套业务分级风控管理机制。利用后计息反向保理进行期限错配，如图 3-5 所示。

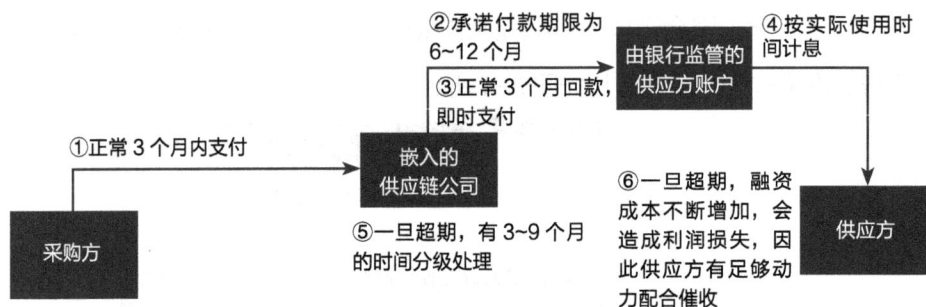

图 3-5　利用后计息反向保理进行期限错配

嵌入的供应链公司担心的是一旦向银行确认了付款期限，采购方没有付款或是拖延付款，就会延长确认支付的时间。这种情况下，如果采用后计息的反

向保理，按实际使用时间计息，就会增加供应方的利息支出，因此供应方就有足够动力配合催收。从中可以看到票据类前计息金融产品的弊端。

嵌入的供应链公司建立业务分级风控管理机制的示例如下。

①使用后计息反向保理进行支付时，对正常回款时间是 3 个月（假设）的有效债权，将向银行承诺的付款期限设为 6~12 个月。如果 3 个月能够正常回款，则自动还款完成业务，供应方的融资成本按照 3 个月计算。一旦超期，嵌入的供应链公司有 3~9 个月的缓冲期。

②出现超期，业务部门即刻协同供应方开展催收工作，密切跟进催收进度，了解超期的原因，并获取采购方明确的合理承诺。

③超期时间超过 1 个月或超过合理承诺期，立刻暂停对供应方已发生业务的确权，并可暂停对该采购方的后续业务，将已发生未确权的业务回款暂作为代偿资金来源，除非供应方愿意自行垫付。

④一旦超期情况继续恶化，即可发律师函或启动法律诉讼程序，直至追回款项。同时，将事件情况通报给合作银行（银行需要通过获取大量的外部数据来评估采购方的支付信用、履约状况和偿债能力，因此非常希望及时获得第一手信息）。

⑤上述的处理周期，需控制在向银行承诺的付款期限范围之内。例如向银行承诺的付款期限是 12 个月，如果正常回款时间是 3 个月，则需在 9 个月以内完成回款事宜。

正常情况下，到上述第 3 级时依然不能解决回款问题的可能性是非常小的，因为单笔业务的金额都比较小；长期运转良好的采购方出现回款超期，一般只会在早期阶段。履约率一旦大幅降低，嵌入的供应链公司就会启动第 3 级的应急措施，停止继续开展业务，避免造成重大损失。

很多时候，单笔业务金额的大小与风险的大小正相关。对于嵌入式供应链金融模式，尽可能不要采用新的采购方式，或一开始的单笔业务金额不宜过大。

有了组合风控，嵌入的供应链公司才有底气向银行承诺"一定会付"，银行才能真正获得可靠的还款来源。嵌入的供应链公司基于此与银行真正形成一种互相弥补、相互促进的紧密结构。

（4）以共赢为前提，确保嵌入式供应链金融模式稳定运行

嵌入式供应链金融模式是一个共赢的结构，每一个参与方都可以获得收益。

①供应方的收益：提前回笼资金。收益表现在业务量大幅增加，资金周转率提高，全年的利润总额大幅提高。

②采购方的收益：采购价格短期虽没有多大变化，但在不改变付款条件的情况下，供应得到了有效保障，供应方数量减少了，采购的管理成本降低了。

③银行的收益：大幅降低了信贷风险，可以安全、小金额、规模化、高频率地向中小实体企业投放信贷资金。

④嵌入的供应链公司的收益：没有大量的资金投入，也没有巨大的业务开支，仅凭信用和规范化管理，加上小部分的运营费用，就能获得不错的利润；既不产生融资成本，也不产生资金占用，就可赚取轻资产收益。

（5）合理的成本结构，有据可循

嵌入的供应链公司帮助和代替银行有效地管理债权和物权及其风险，是银行向供应方贷款的还款来源和还款保障。虽然嵌入的供应链公司没有提供对外担保的承诺和履行担保的责任，但对银行而言，取得了比担保更好的效果。

嵌入的供应链公司的收费结构可以与担保公司的收费结构类比。嵌入的供应链公司管理业务、承担可控的风险、提供信用来源，担保公司承担的是连带责任，二者在职能上具有一定的相似性。另外，从风险来看，由于嵌入的供应链公司直接拥有和管理债权及物权，比单纯提供担保要安全得多。从管理成本来看，嵌入的供应链公司的管理成本可能要比担保公司稍微高一点，但差别不会太大。因此，嵌入的供应链公司提供供应链金融资产管理服务时，可根据业务的复杂程度和风险系数收费，比如单笔业务收取 2%~4%（年化利率）的费用，折算到与供应方的采购合同中，通过价差来体现，也就是说，供应方的综合融资成本仅包含嵌入的供应链公司的价差加上银行的利息这两项。

在综合融资成本方面，供应方既没有担保费、评估费、律师费等各种为了融资而产生的费用，也没有需要提供抵押物等限制条件，不仅可以随业务需要扩大投放规模，还能大幅减轻融资负担。

合并来看，嵌入的供应链公司通过合同价差的方式，向供应方收取 2%~4%（年化利率）的费用，银行通常的反向保理信贷利率是 3%~5%（年化利率）。那么供应方承担的总综合融资成本为 5%~9%（年化利率），没有了为达成融资所产生的各种额外的费用。

例如，如果 3 个月回款，单笔业务中，供应方承担的总综合融资成本为 1.25%~2.25%；如果 45~60 天回款，总综合融资成本就是 0.63%~1.1%。供应方虽支付了这些费用，但在同样的流动资金规模下，原来每年可开展三四个周期的业务，现在可以增长到每年开展十几个甚至二十几个周期的业务，这样是非常划算的。

在这样的分配结构下，银行、嵌入的供应链公司、供应方都能获得可观的利润和业绩增量，形成相互制约、多方共赢的合作格局。

4. 对比票据等其他金融产品，使用反向保理的优势

反向保理相较于其他金融产品，对使用者（嵌入的供应链公司）的影响是最小的，而给融资方或接收方（供应方）带来的是操作上的麻烦，但如果各方能获得巨大价值，这点操作上的麻烦，几乎可以忽略不计。

（1）不会对嵌入的供应链公司的财务报表产生负面影响

其他的金融产品，要么会增加使用方的负债率（比如应付票据等），要么会增加使用方的杠杆率（比如银行负债或或有负债等），要么会增加

财务成本（比如银行利息或者手续费等）。反向保理不会给使用方带来这些影响。

①反向保理基于本就存在的、真实的应付账款，嵌入的供应链公司只需要向银行确认其真实存在及一定会付款的明确意愿，不需要额外统计负债率。

②由于供应方提供的是预开的发票，需要等采购方合并多笔业务形成一个审批批次，并完成该批次支付后，整个业务才能完结，而此时还没到产生负债的时候。在向银行确权时，嵌入的供应链公司确认的是"应该要支付的款项"，可暂时不计入负债，待收齐该业务全部发票后再入账核销。

③反向保理锁定的是真实存在并承诺一定会付的应付账款，将其作为还款来源，融资方是嵌入的供应链公司的上游供应方。嵌入的供应链公司并未对供应方提供对外融资担保，因此，该应付账款不是嵌入的供应链公司的银行负债，也不是或有负债。

（2）避免资金被截留

其他金融产品由于偿还兑付期限与真实的回款期限之间不匹配，常常会让使用者产生大量的闲置资金。例如使用者在银行开具6个月的承兑汇票支付给上游的供应方，而下游的采购方付款期限是3个月，资金就会被闲置3个月。很多历史问题，就是因为可以利用这一时间差绕开银行其他贷款的审批流程，通过业务过程套取大量资金而造成的。

5. 高效解决资金供给难题的方法：嵌入式供应链金融

只有覆盖综合付款周期，才能让供应方在交付合格产品后马上收回货款，才能大幅缩短资金被占用的时间。

虽然供应方每次都会支付一点儿融资成本，但只要用时不长，将融资的年化利率折算到单笔业务中，单笔利润的代价是很小的。

换言之，只有供应链金融覆盖综合付款周期，供应方才会心甘情愿地支付合理的融资成本。否则，供应方除了被占用资金，还会增加额外的负担，供应方自然会产生排斥。供应链公司嵌入的位置如图 3-6 所示。

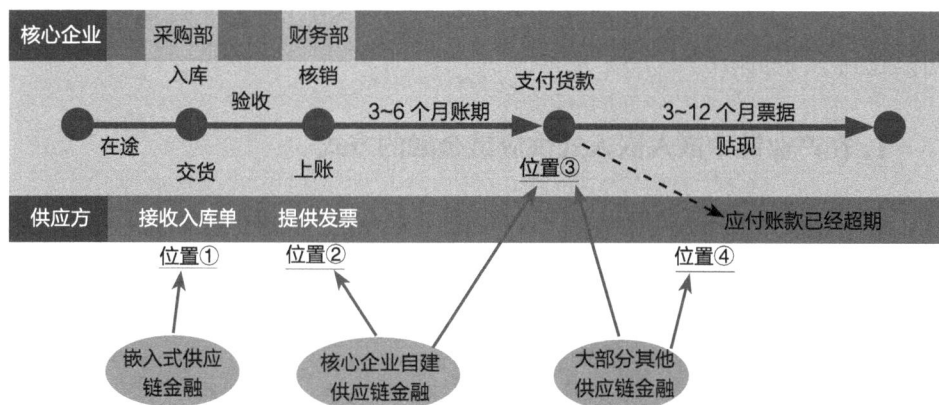

图 3-6　供应链公司嵌入的位置

在以往的交易结构中，核心企业不可能改变责任化的管理流程和财务处理流程，无法在责任不清晰的情况下，将综合付款周期转换为供应链金融的关键要素——可确认的应付账款。只有将供应链公司嵌入交易环节，方能通过新的合同主体将采购方（核心企业）已收货但未正式上账的这段时间，纳入对供应方的应付账款账期。嵌入的供应链公司将这段以往没办法金融化的时间，转换成可以确定的期限、可以金融化的应付账款账期，真正达到覆盖综合付款周期的目的。

—— • 小结 • ——

嵌入式供应链金融模式既能满足中小企业希望覆盖综合付款周期的融资需求，又能解决聚集性产业集中采购的资金压力，满足银行寻求安全、大规模服务实体经济的迫切需求，帮助产业链上的核心企业改善与上下游之间的紧张关系，支持核心企业的产业升级。

二、将嵌入式供应链金融嵌入产业链

在具体的应用环境中，嵌入式供应链金融模式有不同的嵌入场景和位置，可以起到不同的作用。

1. 在产业链中嵌入嵌入式供应链金融的方式

嵌入式供应链金融在产业链中有两种嵌入方式，如图3-7所示。一种是嵌入的供应链公司锁定债权，覆盖综合付款周期；另一种是嵌入的供应链公司批量代为采购，拥有物权。

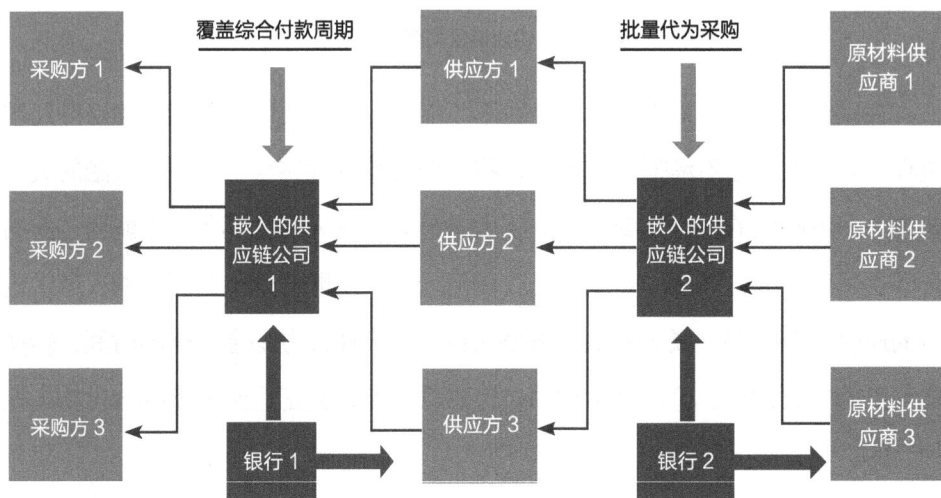

图3-7　嵌入式供应链金融嵌入产业链的方式

这两种方式解决的问题不同、产生的价值不同、所处的位置不同，解决问题的对象也不一样。

（1）覆盖综合付款周期的嵌入方式

嵌入式供应链金融嵌入采购方与供应方之间，形成帮助采购方的集中代为采购（简称"集采"）的模式，或形成帮助供应方的集中代为销售（简称"集销"）的模式。集销嵌入式供应链金融结构如图 3-8 所示。

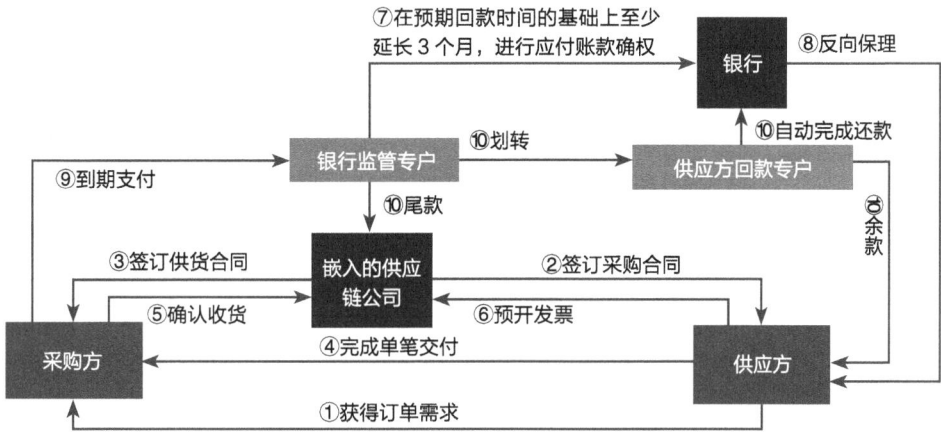

图 3-8　集销嵌入式供应链金融结构

（2）批量代为采购（简称"代采"）的嵌入方式

代采是为了帮助本地区具有同类型采购需求的生产制造企业（委托方），集中地进行批量委托采购的一种应用模式。通过将持有的"物权"转换为"应付账款"，引入银行为委托方解决采购款的问题，嵌入的供应链公司采用买方付息的反向保理，向经销商完成采购支付，融资利息由买方（嵌入的供应链公司）承担，其中买方向银行确认的反向保理期限，可设置成能覆盖委托方分批提完货物、付完全款的期限。

这样，委托方可以不使用嵌入的供应链公司的自有资金，而是基于自身信用直接引入银行资金开展业务。同样，银行可以基于信用向下提供金融服务，而不是基于嵌入的供应链公司持有的物权提供质押融资。

嵌入的供应链公司合并本地生产制造企业同类型生产要素的采购需求，进行集中合并采购。委托方根据当天或近期的使用需求，补齐尾款分批提货，以避免自身陷入缺乏资金采购原材料的困境。代采特别适合有产业集群的地区。代采嵌入式供应链金融结构如图 3-9 所示。

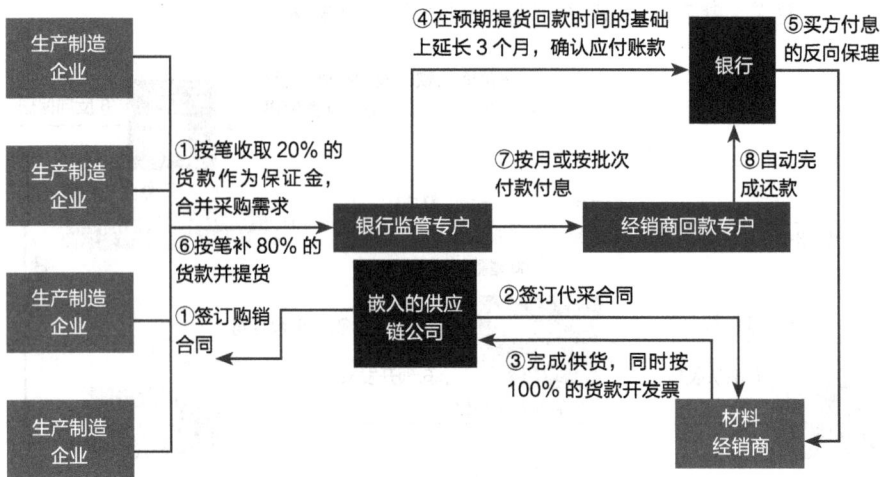

图3-9　代采嵌入式供应链金融结构

①第一阶段：签订合同、招采及收货入库。

本地的生产制造企业向提供支持的嵌入的供应链公司提出采购申请，签订代采合同并按笔交纳保证金（货款的20%）。嵌入的供应链公司合并采购需求，执行招采，完成质检验收并入库。

②第二阶段：确权融资、覆盖原料采购周期。

嵌入的供应链公司主动向银行确认展期3个月左右的应付账款（如该批次货物预计1个月提完，则确认4个月的应付账款期限）。材料经销商按照银行的要求提交融资要件（合同、发票及物流清单和货物清单等），银行审核通过后使用嵌入的供应链公司的信用，为材料经销商办理买方付息（嵌入的供应链公司支付利息）的反向保理。嵌入的供应链公司的出库提货价格中需包含银行融资成本，将融资成本折算到委托方的提货价格中（代采模式使用"买方付息"，对经销商而言等同于货到付款，这有利于采购谈判，有利于有效控制采购价格）。

③第三阶段：收回资金、支付款项。

待各委托方按笔补齐80%的货款并提货后，嵌入的供应链公司可提前支付款项（视信用敞口及融资成本的合理估算情况而定），嵌入的供应链公司需将款项支付到银行指定并受银行监管的经销商回款专户。银行自动完成扣划本息后，利息按实际贷款使用时间计算（后计息）。

2. 代采模式：针对物权的独特性管理

采用代采模式的嵌入式供应链金融结构中，增加了对物权的管理，因此需要特别关注风控及管理的差异性。

（1）对应的风险措施

①在收集采购需求的同时，要收取代采保证金（货款的 20%），如果委托方到期没来提货，则嵌入的供应链公司有权没收代采保证金，并将货物转卖给其他买家，冲抵可能蒙受的损失（收取代采保证金亦可有效抑制委托方提出非理性的采购需求）。

②当货物的价格发生波动时，一旦价格下跌超过 10%，嵌入的供应链公司则可要求中小企业在限期内按剩余货物货值的 10% 补缴保证金，逾期不补即有权将货物转卖他人。

③执行代采的仓库，必须是嵌入的供应链公司可以直接控制的仓库，不仅要满足存放要求，还要防止货物被调换。

（2）货物涨价，溢价归委托方

需要特别指出的是，如果货价上涨，则受益人为委托方，嵌入的供应链公司仍按原定代采价格计算成本，不额外赚取货物涨价的溢价收益，也不承担货物贬值带来的风险，其原因如下。

①嵌入的供应链公司收取的代采保证金和价格下跌时的追加保证金，是为了防范价格波动的风险。

②中小企业根据自身订单需求及行业经验测算，提出采购需求，并提供代采保证金和追加保证金，承担了货物价格波动带来的风险。

③嵌入的供应链公司不赚取溢价收益，可抑制嵌入的供应链公司为获取溢价收益而采取的投机行为，控制经营风险。

3. 用嵌入式供应链金融供应流动资金，比担保结构好

在解决中小企业融资难、融资贵的问题时，以往分析出的症结是中小企业的财务管理不规范，缺乏担保物。基于此症结分析得出的解决办法是增加担保、增强信用。

（1）"担保＋银行信贷"结构

银行将担保作为增信措施，形成了"担保＋银行信贷"结构，为中小企业提供信贷，最终是"担而不保"；后逐步升级为"国有担保公司＋银行信贷"的结构并延续至今，但仍未解决中小企业融资难、融资贵的问题。（这里讨论的仅是担保公司对中小企业的"融资担保"业务，并不包含担保公司的其他业务类型。）

其中的主要问题有以下两个。

①融资企业寻求担保公司提供担保，但是担保公司担心融资企业不能还钱，为了控制自身风险，会要求企业提供反担保。这等于企业在向银行提供抵押物的基础上，再用另一份抵押物去置换担保，不仅融资规模缩小了50%，在融资成本上还增加了担保费用。

②担保公司并没有参与融资企业的经营，也没有参与融资企业的内部管理，对信贷风险无法识别、无法管理，没有起到有效控制风险的作用。

（2）"企业互相担保＋银行信贷"结构

企业为了能够得到贷款，于是互相担保。银行会认为企业之间往往存在很多内在的联系，互相担保能够起到互相监督的作用，应该比银行单方面对企业进行约束和控制更好（很多银行一度向个体工商户提供了这种互相担保的信贷业务）。

结果，企业相互担保、连保连坐，系统性风险逐渐累积。一个地方的企业大都相互绑在了一起，经济好的时候没事，企业发展都很好的时候没事，一旦有一家企业出了问题，就会导致连锁反应，把很多正常经营的企业拖下水，这一度给很多地方的区域经济造成了沉重打击。

（3）提供流动资金，嵌入式供应链金融比担保结构更好

"专用供应链公司 + 银行供应链金融"是直接进入业务，直接掌握应收账款、应付账款和货物处置权的金融供给模式。同样是不参与企业的内部管理和经营，这种模式却牢牢地控制了回款和货物的处置权，有了债权和物权的所有权和处置权进行托底代偿，比单纯通过外部担保的方式介入得要深得多，也有效得多。

这种模式基于业务而不是基于企业的经营管理水平和发展水平提供金融支持，一切靠有没有订单说话。这种模式从企业的外部，直接控制重要的还款来源，不参与企业的内部管理和经营；没有相互的股权绑定关系，不涉及企业内部的人员变化和业务变化；不会被企业适应市场的水平和能力、企业管理的水平和能力、企业人力资源的构成和能力所影响；谁有订单就帮谁、支持谁，精准有效扶持具有成长性的企业。

这种模式始终保持在企业的外部，始终帮扶适应社会需要的企业。在市场竞争无比激烈的情形下，唯有搭平台、给舞台，提供各种便利，才能最大限度地发挥实体产业的作用。

4. 国企成为嵌入的供应链公司更有优势

嵌入式供应链金融模式中，成为嵌入的供应链公司有两大要求：一是具有供应链管理的能力，二是可以获得银行的专项授信，且授信额度后续可以不断增加。

具有供应链管理的能力，相对是比较容易的，通过管理体系构建和人员培

训即可实现。而要获得银行的专项授信且授信额度后续可以不断增加，并不是仅仅依靠提升管理的成熟度就能实现的。

国企在获得银行的专项授信方面，具有先天性的优势，其为公众、为社会提供服务的属性突出，适合成为嵌入的供应链公司。

（1）国企更适应"计划驱动型"和"流程驱动型"的运作结构

管理规范的国企，更适应"计划驱动型"和"流程驱动型"的运作结构。嵌入式供应链金融模式能充分发挥国企规范化管理的优势，又能通过供应链业务与市场经济紧密结合，既不受市场变化所影响，也不需承担经营决策等风险，可谓扬长避短。

特别是对地方国企而言，其不具备央企的资源和规模优势，通过开展嵌入式供应链金融成为嵌入的供应链公司，能以有限的资源服务地方经济发展。

本地的国企与本地的银行紧密长久地合作，能够不断支持地方经济发展，基于订单引导和扶持本地生产力的发展，地方国企可以不断做精、做专、做透、做深、做大，发展空间广阔。

（2）财务结构更合理

国企成为嵌入的供应链公司，使用银行提供的专项授信额度开展业务，不用投入大量的自有资金，开展业务不需要融资，不会提高杠杆率与负债率，不存在资金使用成本，不用考虑投入资金的利用率和收益率等。

国企这么做既能开展大规模的业务，又能支持本地实体企业快速发展，同时也能获取具有社会价值的收益。更重要的是该业务属于轻资产业务，能有效优化财务结构。

嵌入的供应链公司的支付方式是向银行确认应付账款，收到回款后再支付到指定的供应方的银行账户完成还款，流动资金从供给到收回的全过程都在银行的监管账户里运转。嵌入的供应链公司可支配的仅有利润，随着后续不断发展完善，配合数字化的风险管理系统，可以设置不同金额的风险条件，实现管理分级建模，并提供监督手段，逐步成为可管、可调、可控的标准化中间环节。

（3）业务可拓展性高

国企成为嵌入的供应链公司后可集团化运作，每一个子公司设定多种不同的独立场景作为主业，不断提高专项场景的专业能力，通过供应链不断提高在区域产业中的渗透率，形成更加高效、深入、稳定的业务及客群资源。

结合信息科技、电子商务、数字经济等大趋势，嵌入的供应链公司可不断探索更深层次的数字化标准模型并积累数据。对于需累积产业数据、具备重要环节价值、具备公共服务性质的领域，国企适合作为嵌入的供应链公司，其后续可挖掘的潜力和可扩展的边际效应空间巨大。

（4）更易培养产业良性发展基因

国企的多级责任机制、层层监管及审计监督机制，使国企开展供应链业务会以责任优先，不会因为惧怕强势企业的压制而放弃原则，能守住企业间互相尊重的底线，约束大企业的信用与行为，维护经济秩序。

嵌入的供应链公司是中小企业贷款的还款来源，国企成为嵌入的供应链公司，银行、供应方、采购方更加容易接受，也有助于保持经济结构安全稳定。

———— • 小结 • ————

嵌入式供应链金融模式，不仅能充分发挥国企专长、银行专长，还能真正支持中小企业快速发展，为其提供流动资金支持，实现多方共赢；不仅可以解决传统供应链金融单方面依赖核心企业的症结，还可以解决银行作为金融机构，独立面对数量众多的、不断变化的中小企业的风险问题。银行以相对成熟的供应链金融系统来核查业务的真实性和有效性，形成完善的解决方案，可以补齐供应链金融的短板。

三、区别传统，准确定位嵌入式供应链金融

参与供应链金融研究的力量主要来自四个方面——银行等金融机构、专用供应链公司、核心企业和金融科技公司。要真正理解嵌入式供应链金融模式的独特性，需要通过与已经投入运转的其他模式比较，准确地定位各自的用途和应用的领域。

这里不讨论孰优孰劣，仅讨论存在的差别。

1. 嵌入式供应链金融与银行单独推广供应链金融的差别

几乎所有与笔者沟通过的核心企业，在配合银行开展供应链金融业务方面都不太积极。

在此情况下，银行作为没有参与业务的金融机构，单独推广供应链金融是非常被动的。银行普遍的应对办法是"上调风险边界，提高筛选条件"，比如将订单贷的产品逻辑调整为供应链金融的产品逻辑，上调订单贷的额度比例，等等。但放宽条件，意味着对客户的筛选条件就变得苛刻，推广的效果自然就会大打折扣。

如果没有得到采购方的确认，供应方就有可能出现造假骗贷的行为；如果没有获得信用的支撑，一旦核心企业和供应方之间产生业务纠纷，作为第三方的银行，会变得非常被动，最终又回归到要求提供担保的老路上。

嵌入式供应链金融模式解决了银行的各种问题，不用上调风险边界即可正常开展供应链金融业务。银行与嵌入的供应链公司紧密合作，能大范围、大规模、多层次、多地区开展规范、标准的供应链金融业务。

嵌入式供应链金融模式将银行解决不了的风险控制难题，交由嵌入的供应链公司处理。

2. 嵌入的供应链公司与其他供应链公司的差别

为进一步明晰嵌入的供应链公司的独特性，我们将其与其他供应链公司进行比较（见表 3-1）。其他供应链公司可以采用嵌入式供应链金融模式，丰富经营模式。

表 3-1　嵌入的供应链公司与其他供应链公司的差别

项目	其他供应链公司	嵌入的供应链公司
业务来源	企业自主经营	本地供应方提供
业务性质	以营利为目标，非公益性质	以服务银行及产业链为目标，半公益性质
资金来源	自有资金＋银行融资	不提供资金，使用银行供应链金融
利润来源	合同价差、库存货物涨价的溢价、委托加工价差	帮助银行管理"债权""物权"的管理费
单合同利率	绝大部分超过 12%（为便于比较，将价差毛利率折算为年化利率）	2%~4%（年化利率）
业务范围	医药、大宗商品、标准货物等业务，含内贸及进出口业务	本地企业业务
风控结构	投入资金，直接承担业务风险	通过业务回款期限与融资期限错配，开展组合风控，不投入资金，不单独承担资金风险
账户结构	自行管理支配	在银行控制范围内闭环运行
资金利用率	自行管理控制	没有资金利用率逻辑
资金使用成本	根据集团内部计价或银行融资利率计算	没有资金使用成本

嵌入的供应链公司本质上是半公益性质的，通过帮助银行控制金融风险，输出标准化的金融要素，支持地方实体产业快速发展。而其他供应链公司以营利为目的，是市场化运行的公司。两者的业务范围、社会价值和生存方式是截然不同的。

3. 与单信模式的区别

很多科技公司推出了单信模式，部分银行也开发和投放了类似的金融产品。嵌入式供应链金融与单信模式的区别如下。

（1）方式不同

提供单信（新型供应链金融票据）的系统，实质上可理解为与 ECDS 的功能类似，是一个独立的开证系统。这意味着，需要银行、核心企业和供应商都愿意接收单信，并愿意接入或半接入开证系统。

而嵌入式供应链金融模式，使用的是反向保理这种比较成熟规范的金融产品，不需要银行额外对其进行产品认定，只需要启用标准产品。

（2）信用来源不同

单信模式的信用来源有两种，一种是单信平台自带的信用，另一种是提供贴现的银行给核心企业的授信。单信平台自带信用，市场接受度会高很多，通常大家都希望能获得增量信用额度。但是单信平台自带的信用是有限的，对入选核心企业的要求相对较高，大规模推广存在困难。如果单信平台使用的是银行给核心企业的授信，动用的就是核心企业的存量信用，面对的也是核心企业的存量业务。

嵌入式供应链金融是分散式结构，银行虽针对不同的嵌入的供应链公司进行授信，但对嵌入的供应链公司而言开辟的是增量业务。任何一家公司对于低投入、流动资金需求量小、有利润产出的增量业务，往往都是非常积极的。

（3）财务处理的方式不同

单信模式对核心企业的财务会产生一定的影响，需增加"应收某某信"和"应付某某信"等中间过渡凭证，类似于应收票据、应付票据。

嵌入式供应链金融不需要核心企业的财务及采购管理体系有任何形式的改变，核心企业仍按以往的正常流程操作；需要改变的是新加入的嵌入的供应链公司，由嵌入的供应链公司建立新的适应性流程。

（4）使用的位置不同

单信模式采用的是类票据模式，到期时间固定，开票人为保护自身信用，会尽可能开立时间更有利于自己、期限相对较长的票据。票据大部分是在核心企业的账期已经到期或已经超期的时候，针对弱势的供应商使用的。供应商收到单信后，基本用不出去，除了等待到期，只能承担高额利息进行贴现。

嵌入式供应链金融在供应商完成供货时开展，等同于货到付款，可服务于核心企业的所有供应商；并且采用后计息的方式，可大幅减轻供应商负担。

4. 嵌入式供应链金融与核心企业自建供应链金融的区别

核心企业自建供应链金融是目前比较成熟也比较普遍的做法，但依然不能解决覆盖综合付款周期的问题。

嵌入式供应链金融模式通过嵌入的供应链公司改变交易结构，协调交易流程与财务管理流程的冲突，有效地解决供应商的核心诉求。因此，其与核心企业自建供应链金融的目的是一致的——帮助供应商，只是形式有些不同。

信用充足的核心企业可以选用嵌入式供应链金融模式，成立委托集采公司或者部门，以嵌入的供应链公司模式调整自金融的运行模式，优化产业链结构。如果自身信用不足，核心企业可选择与本地政府组建的嵌入的供应链公司合作，类似于部分委托采购。

如果是资产投资型核心企业，可组建嵌入的供应链公司，植入承建商上游的材料采购环节，利用嵌入式供应链金融模式，协调工程进度，控制建设成本；也可将物资公司改造成嵌入的供应链公司，重构业务模型。

———— • 小结 • ————

供应链金融是非常有价值的金融品类，嵌入式供应链金融模式可解决广大实体产业的流动资金供给不足问题，是能够推动社会经济健康、高速发展的有效工具。

第二节 嵌入式供应链金融的组合拳

资本经营的目的是利益最大化，这是一把双刃剑。好的一面是能够推动企业乃至社会向前发展，不断创造财富，构建美好幸福的生活；不好的一面是可能演变成利己主义。

一、让嵌入式供应链金融成为资本的"紧箍咒"

"人、财、物"是企业经营乃至社会经济运行中十分重要的三要素，而能否获得流动资金是决定企业生死存亡的关键。因此，调整资金的供给条件和方式，是经济治理中的一种常用手段。

研究供应链金融，本质是研究资金供给的方案和模式，除研究供应链金融本身的价值外，还需要深入研究供应链金融与产业的关系，思考其与经济的关系，探索其与社会的关系。

1. 嵌入式供应链金融有助于抑恶扬善

具有独特作用的专用供应链公司介入产业链的交易，成为一个能够对交易进行管理、筛查和过滤的重要环节，不仅可以作为帮助银行大规模、低成本给产业链提供资金的桥梁，也可以发挥管理、监督、过滤、规范业务的职能，控制劣质物权转变为债权，以防范产生不良债权的业务风险。图 3-10 所示为债权与物权的转移。

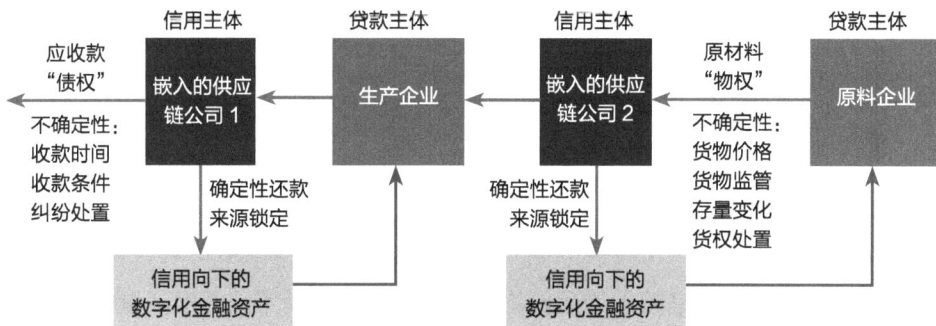

图 3-10 债权与物权的转换

嵌入的供应链公司必须保证产品的质量、业务的真实性及回款的可靠性，这不仅是防范自身经营风险的需要，也是保障银行信贷安全的根本要求，还是其存在的价值所在，也是其应该要履行的责任。

（1）抑制企业短期行为，债权是最佳切入点

企业短期行为大都是不为长远计的不健康行为，比如以次充好、假冒伪劣、粗制滥造、弄虚作假、坑蒙拐骗等。嵌入的供应链公司开展业务合规管理能起到以下积极作用。

①抑制小企业的短期行为。

只要按质按量地交付，在采购方确认验收后，在没有额外费用的情况下，企业能以较低的成本，立刻获得至少80%的货款。为了能够获得这样健康发展的机会，企业自然会非常珍惜和保护长期、稳定、持续、正常运转的资金供给渠道，从而抑制不良动机，摒弃短期行为。

供应链金融基于业务进行信贷投放，单笔金额小、滚动发生，前账不清则后账不立，资金闭环运行，没有挪用资金的机会。企业钻不了空子，自然就不会动骗贷的歪脑筋。

②支持产业链变革，抑制核心企业累积债务。

除小企业会产生不良行为外，大企业也可能会依靠强势地位产生恶性事件。

例如企业超越自身的财务承受能力和盈利能力，恶意积累各种债务，恶意拖欠上下游企业的款项，直至产生严重的、具有恶性影响的社会问题。

核心企业的履约情况，其实是反映大企业资金状况和经营状况的"测谎仪"，有助于在大企业刚出问题时就及时地探查和发现端倪。嵌入式供应链金融结构有助于捕捉在上下游之间强、弱势地位博弈中所隐藏的危险信号，嵌入的供应链公司对每一笔款项的运作均会严格执行，在大企业刚出问题时就能实施探查。

没有监督就没有约束，应遏制大企业"以大欺小"的行为。只有在交易中存在平等地位的交易对手，才能持续动态地实现有效控制。

嵌入的供应链公司与大企业的责任是对等的，处于平等地位，植入处于平等地位的交易对手，哪怕金额再小，嵌入的供应链公司也应启用相关手段（包括诉诸法律等）进行自我保护。这样可以及时、准确地遏制"以大欺小"的行为，防止恶性事件的发生。

（2）阻止劣币驱逐良币，采购环节是控制点

原材料成本占总成本的 60%~70% 甚至更高，这意味着原材料的采购价格直接影响着企业的利润。在获利和牟利的选择中，企业会出现合理成本控制和恶性成本控制两种行为。

嵌入式供应链金融合并处理企业的采购需求，用规模化采购降低价格，减少了流动资金占用，从原材料采购环节开始控制成本。

①劣币驱逐良币的土壤。

由于可支配资金的情况和市场价格波动的综合影响，企业往往根据订单及生产进度，按需进行原材料的采购，采购量小且零散，因此议价能力弱，采购的付款条件苛刻。市场竞争关系很容易刺激企业采购劣质原材料，以次充好，进行价格竞争，从而形成劣币驱逐良币的不良效应。

②嵌入式供应链金融让良币驱逐劣币。

嵌入式供应链金融引入低成本的银行资金，通过嵌入的供应链公司聚集区域中产业的采购需求，集中化代采，量大且现款现货，物美价廉，在保证采购质量的同时大幅降低了采购成本。

集中化的代采方式，帮助企业减少了现金流占用、保障了产品质量、降低了采购成本、平抑了价格波动的影响，可以帮助企业获得良性竞争条件，逐渐形成良币驱逐劣币的良性生态。

2. 嵌入式供应链金融使国企、银行和民企协同

银行一直以来最头疼的就是如何才能安全、大规模地支持民营经济。

（1）互相独立，相互促进，互相监督

嵌入式供应链金融的组合中，保持了国企、银行和民企三者之间各自的独立性和自主性，不会因为管理风格、绩效结构和经营方式的差异产生冲突，有合适的业务就持续合作，没有匹配的业务随时可以停止合作。

国企、银行、民企各自的特点和优势是非常突出的，但劣势也非常突出。国企的目标是国有资产保值增值，并承担重要的社会责任，对人员成本的敏感度相对较低；民企以营利为目的，注重经济效益，对成本控制要求高。

国企、银行、民企通过嵌入式供应链金融模式耦合在一起，共同发展、相互促进，但又有各自的责任与原则，互相监督，非常契合。

（2）优势互补，实现共赢

①民企提供业务。

民企可以发挥对市场、对客户、对商业、对机会的敏锐洞察力，锐意创新，不断追求和探索更大生存空间，保障和提供优质安全的业务，与国有供应链公司长期合作，在加快自身发展的同时，与地方国企和银行协同发展。

②国企基于业务输出管理和信用。

国企的特点是"稳健经营、严谨规范"，财务管理清晰，风控执行严格，企业稳定性强。开展嵌入式供应链金融模式，国企服务于银行和上下游的民企，能进一步发挥重要的社会价值，扩展生存空间，并且与市场接轨。

③银行安全、规模化地出资金。

银行通过与嵌入的供应链公司合作，可以介入产业链的业务环节，面向大量的中小企业，提供集中式、规模化、安全的金融信贷，锁定安全可靠的还款来源，将很难开展的"债权"及"物权"非标业务转换成标准的信用业务，并为后续的金融资产运作建立优良的底层资产。

（3）嵌入式供应链金融成为企业的"紧箍咒"

民企非常希望能不断地积累商业信誉和建立自己的市场品牌，但往往因融资难、融资贵而能力受限，发展缓慢。嵌入式供应链金融基于订单提供流动性支持，正是民企能够摆脱恶性竞争，得以良性快速发展的关键。为防范自身风险和银行的金融风险，嵌入的供应链公司可以对民企的原材料质量及产成品交付的质量进行监督和管理，从而达到合规约束、劝导其良性发展的效果。

虽然"紧箍咒"对民企有所限制，但嵌入的供应链公司和银行并不干涉民企内部的经营和管理，不控制产品和品牌，不改变人员和财务，不参与市场和销售方面的活动，不抢夺民企的客户资源和生存空间，符合要求的、良性发展的民企能基于自己的意愿、能力和特点发展，合法合规地获取利润。

———— • 小结 • ————

嵌入式供应链金融，通过金融复合型结构，使国企、银行和民企在保持各自独立的前提下，形成基于业务合作的优势互补结构。三者不仅可以取长补短，还能共同健康、快速地发展。嵌入式供应链金融是安全高效、可普及性强、适应性强的结构。

二、国企信用的巨大潜力

我国历时数十年，发展出数量众多、覆盖领域广泛的国企，其信用是一笔巨大的经济宝藏和社会财富。

1. 国企是经济的压舱石

国企是我国国民经济的重要支柱。国企规模大且集中，执行力强，运行稳健而规范，是我国抵抗经济危机的压舱石。

据官方公布的数据，截至 2023 年年底，全国国资系统监管企业资产总额达到 317.1 万亿元，营业总收入为 80.3 万亿元，利润总额为 4.5 万亿元。

2. 地方政府发展嵌入式供应链金融，可调整收入结构

信用资源对比矿物资源，不仅不会越挖越少，还会越挖越多。金融机构会根据历史业务的执行情况，逐步扩大授信的规模。开发信用资源，直接用信用赚取轻资产收益，可以成为国企转型、拓展业务领域的不错选择，可以成为地方政府调整收入结构的一条路径。

地方政府可成立很多专业领域的嵌入的供应链公司，业务范围可以涉及医疗、电子商务、物流、投资建设、工程等各种领域，只要存在现金流问题的经济单元都可以使用信用参与经济活动，地方政府成立的供应链公司支持地方经济的成长，获取长久健康良性的收益，分享本地经济发展所带来的红利。有助于地方政府逐渐减少对土地财政的依赖，稳步拓展订单农业、数字经济、数字金融、特色地方品牌商誉农业等，有的放矢地建设城市数字经济的重要数据来源，形成数字治理的基础结构。

3. 产业链是盘国际性大棋，国家队必须进场

参与国际性、面向市场的产业链竞争，国企是成为"直接下场踢球的球员"还是成为"场地的提供者""经济发展平台的建设者"？国企若直接下场做球员，需要思考在哪些特殊的领域、处于什么特殊阶段或是成为哪种特殊资源的保护者和开拓者。

国企可以成立嵌入的供应链公司，通过嵌入式供应链金融结构，协同银行给当地的产业链及有成长性的区域经济，提供"流动性＋合规化管理"的协同金融支撑平台，支持和推动健康且动力十足的实体经济快速发展，让企业拥有强大持久的生命力、创新力和竞争力，助推企业稳步进入附加值更高的全球产业链中高端领域。

另外，我国资本市场的各项改革措施，包括成立北京证券交易所、实行股票发行注册制等，虽然能够逐步改善实体产业和创新型企业的股权融资环境，但投入的资金资源相对有限。上市公司多了，在证券市场上可以获得股权溢价融资的公司，很可能并不会很多。更何况，企业长期发展需要大规模流动资金的问题并不能被完全解决。

推广嵌入式供应链金融，为实体产业提供更为基础的流动资金支持，有助于改善实体产业的营商环境，增强其国际竞争力。

———— • 小结 • ————

时代为金融体系针对实体产业开展创新、助推实体经济发展提供了良机。

第四章
●

向新而生：
嵌入式供应链金融，
助推产业升级

明得失，则可顺风顺水。

产业链优化及变革，需要我们从本质入手，从产业生态中的弊端处着手，引入资源，形成整合创新、合作共赢的新生态，战略性重构产业链，而其中的核心是产品创新体系。

第一节　升级产业链，协作共生才能赢

互联网时代，不是广告、品牌和渠道为王，而是产品为王。

大部分用户的消费方式已转为"基于自我判断，进行产品横向比较"。产品要么能"戳中用户痛点"，要么能"解决用户困惑"，或者很有设计感，否则很难赢得市场。

消费者的需求呈现个性化、多样化。企业的产品定位无论是"引领需求"还是"被需求所引领"，不断研发新产品是企业成长的必然选择。

无论是全球知名的大企业还是不知名的小企业，无论是面向高端市场还是低端市场，无论是面向国内市场还是国际市场，企业都必须从创新产品研发体系着手，与用户密切互动，不断采集需求、验证需求，不断整合各行各业的创新资源，不断研发新产品，而这正是构建新型产业链的目的。

只有构建"专业创新、协同创新、合作创新、整合创新"的产品研发体系，才能支撑高效、高频的创新，而这一切都需要建立在合作共赢的基础上。

一、核心企业发挥头雁优势，推动产业升级

对核心企业而言，推动产品研发体系的升级，其实就是推动产业链的升级，两者的效果和目的是一致的。

在产业链中，核心企业所处的位置举足轻重，牵一发而动全身，其行为不仅对企业内部产生影响，也会在产业链中产生巨大影响，特别是核心企业与上下游企业的结算和收付款结构，影响着上下游企业的生存环境。

1. 嵌入式供应链金融让产品创新从采购开始

核心企业的采购体系和支付结构中，某个采购品类只要存在账期和综合付款周期，该品类的供应商数量就会因为存在账期和综合付款周期而增加。如果绝大部分采购品类都存在这一问题，那么各种不同品类的供应商数量叠加在一起就会非常多，而且还会不断地、非良性地增加。

供应商的数量越多，核心企业的采购及管理成本就越高，财务运作管理就越复杂，产品的质量控制就越难，在优化产品时调整供应商就越困难。在这样的生存环境下，供应商成长速度缓慢，规模小、利润薄，很难具备自我创新能力，也很难支持核心企业的创新。因此，存在账期和综合付款周期是制约核心企业构建创新型产品研发体系的重要因素。

但是，核心企业要摒除账期和综合付款周期，不仅会影响自身的财务制度，也会涉及管理和运作结构的大幅度调整，难度极大。

因此，引入新资源或者搭建新结构，从现有结构的外部着手推动产业链变革才是硬道理。核心企业可以选择主动地引入嵌入式供应链金融模式，主动引入嵌入的供应链公司及其合作银行的供应链金融，即引入新的低成本资金资源，以覆盖综合付款周期为目标，达成构建协同产品研发体系的目的。

（1）主动规划聚合创新，与招商引资相结合

核心企业可以从零部件供应商清单中，挑选出重要的、符合绿色环保要求的、互相关联的供应商，并从中挑选准备重点扶持的供应商，邀请这些供应商联合起来，由核心企业牵头，集中设立新的协同创新平台，聚合成既能在专业领域开展创新研究，又能协作创新的产研基地，寻找适合招商引资的地方政府展开合作，集中各项资源，推动新型工业园区的规划与建设。

更重要的是，核心企业可同时推动地方政府在新型工业园区成立专属配套嵌入的供应链公司，为入驻的供应商提供嵌入式供应链金融支持，甚至可以将入库检环节外包给嵌入的供应链公司，使地方政府通过嵌入的供应链公司，分享一部分核心企业及园区上下游产业链的长期性成长收益。

为此，核心企业可提供紧密配合的协作方案，如提供一些相应的兜底保障方案等，让合作的地方政府及嵌入的供应链公司定心，实现更加安全、持续、长久和紧密的合作。

（2）主动与嵌入的供应链公司紧密合作

除推动新型工业园区的规划和建设外，核心企业也可以主动与愿意合作的其他嵌入的供应链公司开展合作，建立专门的合作机制，提供便利的合作条件，形成高效的运作管理结构，以方便引入更多的优质资源，围绕上下游产业链的结算方式进行优化。委托采购模式如图4-1所示。

图4-1　委托采购模式

（3）让优质供应商快速发展，获得真正的实惠

以往，对于参与核心企业的优质供应商评选，供应商并不是非常积极，因为获评优质供应商的企业不仅没有实质性的好处，还平添了很多额外的责任。

可将嵌入式供应链金融模式与优质供应商评选相结合，优先扶持供应链中优质的供应商，改善其生存环境和盈利条件，提高其配套能力、供应量级，逐步建立其与集团创新体系紧密协同、联合研发的机制，培养其配套的创新研发能力。

被评为优质供应商的企业，可以得到由与核心企业合作的嵌入的供应链公司提供的免抵押、免担保、覆盖综合付款周期的金融支持，覆盖综合付款周期等同于"货到即付"的结算方式，并且核心企业会逐步扩大对优质供应商的采购规模。基于此，供应商对参与优质供应商评选会变得非常积极。选择性委托采购模式如图 4-2 所示。

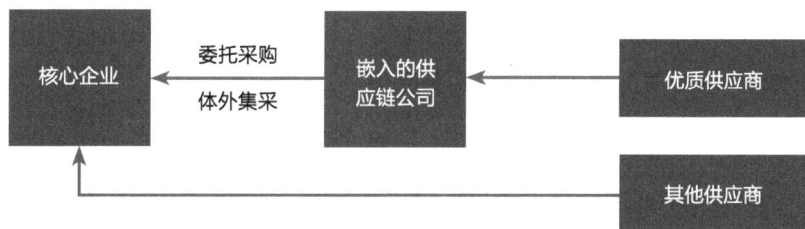

图 4-2　选择性委托采购模式

（4）从供应链着手，加快创新体系的建设

核心企业可以有计划地减少供应商数量，扶持有研发能力的供应商，帮助这些供应商改善现金流和生存环境，培养配套创新的能力，形成新型紧密的战略协作生态关系。

或者，核心企业可以提供嵌入式供应链金融模式作为"货到即付"的谈判条件，吸引优质供应商开展合作。

优质且具有研发设计能力的供应商，与核心企业的产品研发紧密协同，使核心企业升级产品创新体系，成为整合创新平台的重要目标。核心企业只有通过嵌入式供应链金融建立合作共赢的基础，才能真正形成合力，培养或吸引优质的供应商共同成长，推动自身及整个产业链的升级换代，强化自身的综合竞争力。

嵌入式供应链金融为加快建设以核心企业为中心的新型现代化产业链，提供了新的方案和可能。

2. 用嵌入式供应链金融推动销售体系的变革

销售渠道建设是传统商业模式的基础。为了促进市场营销策略的实施，核心企业往往经历了多年的不懈努力，花费巨资建设了大量的仓储物流设施，逐渐建立了各区域的经销商销售体系和商品流转、流通系统，形成了广大的销售网络及渠道。但这一切的努力，在电子商务时代却显得格格不入，特别是开展 To C（对个人用户或消费者）类业务的核心企业，这些网络和渠道甚至成为其拥抱互联网及电子商务、升级销售体系的阻力和障碍。

时代变迁，摆在所有生产制造企业面前的问题是对生存方式的探索和抉择。在核心企业的销售端运用嵌入式供应链金融模式，可以从以下几个方面规划和设计结构。

（1）引入新战略资源，调整市场结构

若要一夜之间从线下搬到线上，肯定是不合适的。核心企业需要建立线上和线下的联动机制，逐步打破传统的网格化结构，通过建立新型物流配套结构和大区域集约仓，扶持有销售创新能力、线上线下渠道相结合的经销商队伍。

核心企业可以主动设计委托库存模式或区域集约仓模式，运用嵌入式供应链金融，分区域地寻找各地的嵌入的供应链公司开展定向合作，构建大区域型的集约式成品安全库存，对区域的各经销商待售安全库存进行合并统筹管理，

既支持线上的订单，也支持线下的订单，减少经销商之间的横向调货。根据回款的特点和结构，区域委托库存模式（见图4-3）既支持To C类小额零售订单，也支持To B（对企业）类大额批发订单。

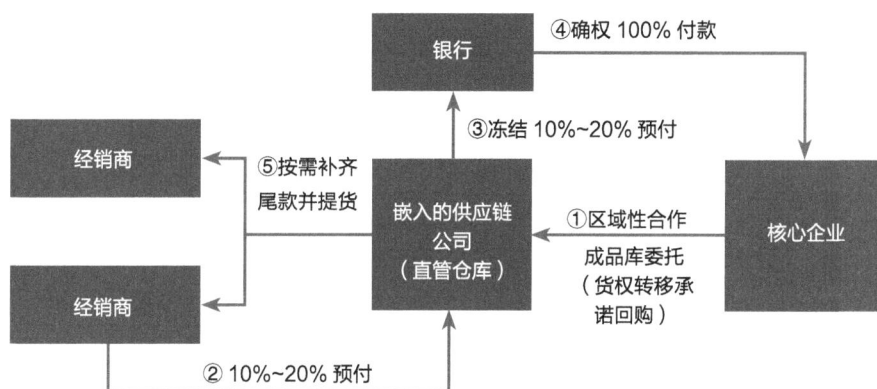

图4-3　区域委托库存模式

引入新增信用和银行资金资源，可以减轻经销商的订货资金压力，加快核心企业的销售回款，逐步推进线上线下相结合的市场销售体系的建设。

嵌入的供应链公司还可根据具体的商品条件，与银行合作开展消费信贷等扩展业务；或与经销商合作，持有物权开展租赁业务等，增加额外的收入来源。

（2）将预付款型订单业务前置

一些具有强势地位的核心企业，为减少产成品脱销带来的不确定性，往往按订单进行生产，在收取部分预付款或全额预付款后再进行排产制造。

产品单一、稳定、成熟的核心企业，一般按计划生产，销售时采取全款提货、款到发货的方式，避免赊销带来的回款风险。

这两种销售结算方式对核心企业都是非常有利的，不仅安全可靠，还能大幅改善流动资金的运转状况，但给下游企业带来了巨大的现金流压力，所产生的资金成本会通过价格机制传导到下游产业链的各个环节，也相应地抑制了核心企业销量的增加和产能的释放。

为了支持下游的产业链发展，核心企业可以主动建立或提供定向的供应链金融结构，引入嵌入式供应链金融模式，提供良好的营销环境。这不仅能减轻下游产业链的现金流压力，也有利于核心－企业自身发展和释放产能，增加销量，减少市场竞争的不确定性。预付订单模式如图4-4所示。

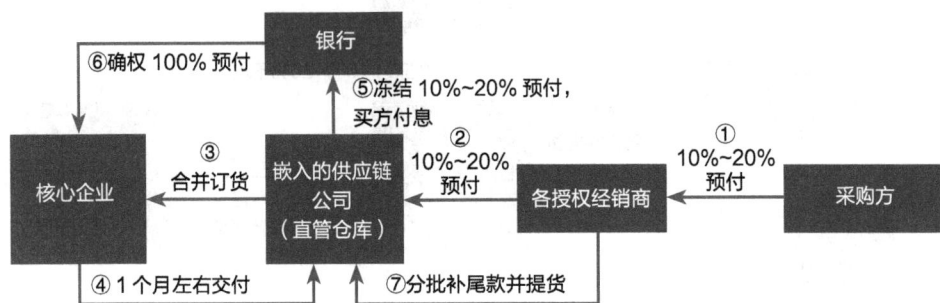

图4-4 预付订单模式

• 小结 •

核心企业通过自建的供应链金融模式，往往无法从覆盖综合付款周期入手，真正地从根本上解决上下游产业链的流动资金缺口问题。另外，核心企业与其从自身有限的资源体系中挖掘潜力，不如主动引入新资源或搭建新结构，提供各种保障性的合作条件，引活水、促变革，这样也许能取得更好的效果。

二、上市公司调优，先调现金流

随着股票发行注册制的深化，上市公司会越来越多，而一些上市公司虽然业绩成长潜力很大，但受制于应收账款，经营性现金流仍偏紧。改善财务报表结构，提高经营性现金流，是众多上市公司调优的一大课题。

1. 调优是目标，"发展＋现金流管理"才是硬道理

大部分处于制造业上游的上市公司，财务报表中或多或少都存在着一定规模的应收账款。现金流被不断占用，不仅削弱了上市公司承接更多订单的能力，还会让上市公司错失成长良机。上市公司要充分把握获利机会，积累财富，养精蓄锐，只有这样才能迎接今后更大的市场挑战。

上市公司现金流被占用，是盈利能力减弱的重要因素之一，影响着上市公司的利润率、市盈率和市净率等关系市值的重要财务指标。市场好的时候，问题不会很突出；一旦市场形势不太好，盈利水平就会大幅下降，估值和利润都会受到影响。

上市公司调优，普遍的做法是通过各种方式提高市场占有率，扩大同品类产品的覆盖面，进而增加垄断性和规模性的优势，逐步提高在产业链中的地位；或是向上游产业链延伸，减少中间环节，控制成本；又或是利用科技创新等手段，逐步提高产品价格，提高利润率，提高盈利能力等。

但上市公司大都忽略了针对资金占用周期的调节和优化配套方案。无论是扩大产品覆盖面，还是向上游产业链延伸，如果回款不及时，或是从第一道工序到最后一道工序的时间过长，抑或是采购时需要预付款等，都会占用现金流。

上市公司应深化开展流动资金管理，不仅要"管住钱、管好钱、用好钱"，还要多渠道、多形式地"筹好资、理好财"。不断研究和扩展流动资金管理的方式，调整流动资金的来源和结构，缩短流动资金被占用的周期，这样才更有

助于企业成长，使企业获得更大的生存和发展空间。下面就从企业的"收"和"付"入手，结合嵌入式供应链金融模式，探讨如何改善现金流。

2. 改变应收账款结构，加快回款速度

收款或回款的结构常常是由市场和客户决定的，上市公司应收账款构成和结构类型有很多，存量的应收账款问题比较复杂，这里仅对后续即将新增的应收账款及其结构进行探讨。对于存量的应收账款，一般采用应收账款出表的模式，但需要使用大量的授信额度，将应收账款合并组成资产包，以项目的形式出表，置换成现金流。这么做虽有一定的成效，但也存在很多操作上的障碍，比如信用额度问题、终端客户的资质及配合度问题、期限问题等。这一模式只能在特殊阶段以项目的方式执行，操作起来非常麻烦。

如果选择使用嵌入式供应链金融模式，上市公司可主动与地方政府合作，引入本地信用较好的嵌入的供应链公司，基于单笔业务滚动性地获得现金流。授权经销商模式如图4-5所示。

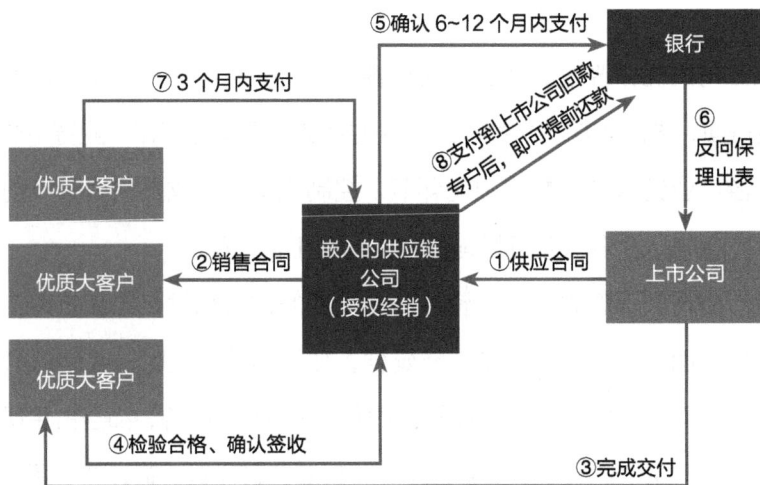

图4-5　授权经销商模式

上市公司即使要向嵌入的供应链公司提供一些保障条件，也不会比向银行提供的条件复杂。原因很简单，银行在业务的外围没办法管理和处置"债权"，而嵌入的供应链公司就不一样了，其直接拥有"债权""物权"及其处置权，自然对兜底条件不那么倚重，只需要一些保障性条件，比如问题回款主动代偿等，以应对不可预见的意外情况。

3. 主动优化采购及应付账款，改善生态

上市公司采购端可能存在强势供应商和普通供应商。强势供应商往往需要预付款订货或是付款提货，并且上市公司向其采购的规模占总采购规模的比重常常比较大，占用的资金也比较多。对于普通供应商，其虽能给予一定的赊销账期，但账期也不能太久。上市公司很希望这些供应商不仅能提高质量、降低成本，还能提高配套研发的能力和水平，对产品和市场可以给出有价值的建议。

所以，对于向强势供应商的采购，上市公司需要减轻自身的资金压力；对于普通供应商，上市公司需要能够在不改变付款条件的情况下，及时让供应商回款，加快其发展的速度，提高其综合配套的供应能力。

针对上市公司采购端设计的组合采购模式如图 4-6 所示，不同公司可根据实际情况和需要进行尝试。

对于强势供应商，嵌入的供应链公司作为买方，可使用票据或与之协商使用"买方付息的反向保理"支付订金完成订货，并按10%~20%的比例收取上市公司的订金作为风险代偿，放于银行监管账户中进行监管。

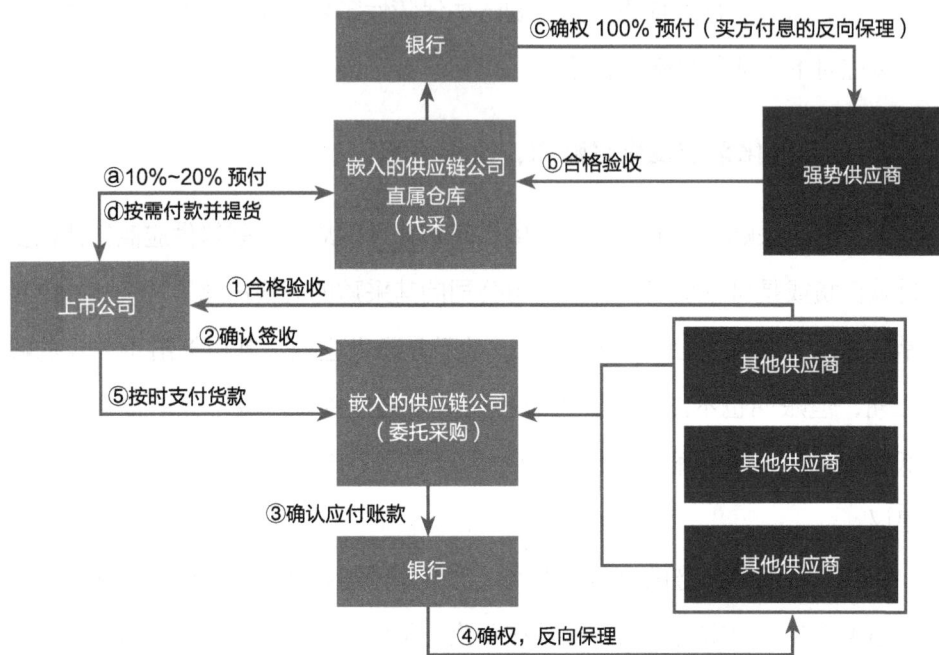

图4-6 组合采购模式

· 小结 ·

上市公司的优化，表现为实实在在的业绩增长。引入嵌入式供应链金融模式，有助于上市公司抓住市场发展的机遇，充分挖掘业绩增长空间，提高自有资金的利用率，优化财务结构，更加快速地成长。

三、招投标平台：引入银行供应链金融不仅仅是提供产品接口

国内有各式各样的招投标平台，有做集团内部集采的，有负责政府统一采购的，有国资集中招采的，有委托工程招采的，有专门进行药品采购的，有进行专业品类体外集采的。招投标平台承担的主要责任：根据采购方或发包方的需求，按照严格的招投标流程，挑选出符合招标要求、满足条件的供应商，直到签订采购或承包合同。

1. 招投标平台不是最终用户，订单贷也不是供应链金融

多年来，众多招投标平台主动开展供应链金融的研究，也有很多银行与招投标平台探讨开展供应链金融。截至目前，还没有较为成功的模式。

问题的关键在于招投标平台本身并不是最终用户，也不在交易的环节中，其是交易的服务支持机构，在采购执行的全过程中，仅涉及中标及合同。几乎所有的招投标平台均不参与合同的执行过程，无法了解合同的执行结果、支付的金额和时间。银行在招投标平台仅得到合同信息，并没有明确的债权和物权，不符合供应链金融的基本条件。

而仅靠这些是无法对接供应链金融的（原因在本书第二章第一节中进行了详细的阐述，这里不赘述），最多只能尝试银行的"订单贷"。

由于产品尚未交付，能否交付、是否合格、最终数量或结算金额等都存在较大的变数，后续在合同执行上的变化会很大，存在不确定性。因此，银行即使愿意提供"订单贷"，往往只会给予有限的额度（合同额的 20%~30%），否则风险敞口就会过大。另外，如没有提供担保物等其他增信措施，仅靠一纸合同，银行审批通过的可能性非常低。

国内一些银行有创新举措，如通过锁定回款账户的方式适当放宽信贷条件，但对采购方（客户）的要求就会变高。即便如此，依然会存在交货质量纠纷等不可预见的合同执行风险。

换句话来说，订单贷能够运转的前提，要么是供应方有担保物，要么是终端客户优质，并愿意配合银行降低金融风险；同时合同交付物的品质是稳定的，不太会出现交易纠纷。

集采平台与统一支付平台一般分属采购部和财务部管理，有部分大集团将这两个部门打通，整合管理。这样虽然管住了招采和最终支付这两个采购的头尾环节，但是没有下属成员单位的实际执行数据，反而会延长综合付款周期。

2. 招投标平台与供应链金融，可以用合作模式

能够获得大量授信的招投标平台，可以结合嵌入式供应链金融，自建嵌入的供应链公司，或与愿意合作的供应链公司联合，建立起专为优质发包方服务的体外集采供应链结构。

在明确中标的供应商或承建商后，招投标平台引入嵌入的供应链公司作为发包人或是中标人，签订合同。招投标平台通过引入新的债权管理人，覆盖综合付款周期，构建可运转的供应链金融结构，将嵌入的供应链公司作为新的委托主体。招投标平台合作模式如图4-7所示。

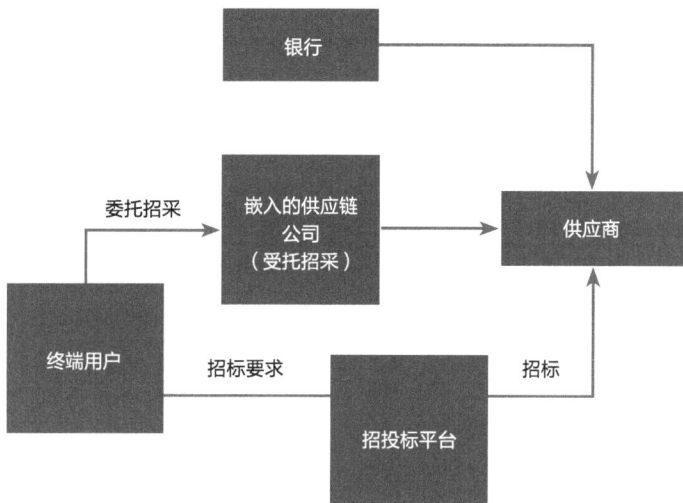

图 4-7　招投标平台合作模式

● **小结** ●

招投标平台作为集中采购的平台，存在集中处理的优势，是供应链金融创新的重要突破点，值得深入研究和探索。

第二节　工程建设供应链：缩短工期以降低成本

工程建设行业中综合付款周期有两个，分别是发包方和承建方之间的审核过程、承建方和材料供应商之间的财务对账过程。

在固定资产投资建设领域开展供应链金融的研究和探索，有助于安全合理地缩短工期，提高承建方采购供应链的供应保障力度，降低采购成本，控制原材料质量，以及探寻和扩展投资集团今后的生存方式和发展空间。

一、投资集团引入供应链金融，有效加快工程建设

名为"审核过程"的综合付款周期，是现场阶段性验收后，发包方的多部门对项目严格把关的过程，这个过程是必要的、不能减少的。对承建方而言，确实存在由于垫资周期较长，资金使用成本过高、占用资金的规模大等问题，但由于原本已经预计了这部分成本，在经营管理上已经设计了相应的预案，综合影响其实并不算大。但在项目施工过程中，不断开工、撤场、返场对发包方和施工方的影响却是多方面的。

①获取投资收益的时间延后。例如，某 CBD（中央商务区）待开发的楼宇，某个银行在开工前就已经明确将其作为分行大楼的租赁意愿，却迟迟无法投入使用。

②拖的时间越久，产生变数和不可控因素的概率越大。例如，领导岗位或管理岗位的人员更迭，其经手和承诺的事务，在人员更迭后产生巨大变化；或者项目预算超期，造成项目重新申报审批。

③工程建设周期过长，采购成本和制造成本相比预算会产生较大的变化，从而给审计工作带来很大的困难，给财务管理工作造成很多历史账目问题，大幅增加内部成本。

④阶段性地开工、撤场、返场过程中，对不能撤走的工程塔架及租赁设备需继续支付费用，从而造成不必要的开支。

需要特别注意的是，很多施工项目是需要进行质量整固的，例如等待混凝土完全凝固，或者等待地基自然沉降等，这些是正常施工过程中必须的施工时间。

这里探讨缩短施工周期，并不是要将质量整固期缩短，而是探讨如何在保障工程设计质量的情况下，精确合理地控制施工周期。

1. 用供应链金融加快施工进度

对项目投资资金已经到位的工程建设项目而言，为了保障工程质量，不可能硬性地缩短项目管理的各个流程。因此可以借用供应链金融来覆盖这个时间段，在不改变质量管控流程的前提下，尽可能地加快施工进度。工程进度款供应链金融如图 4-8 所示。

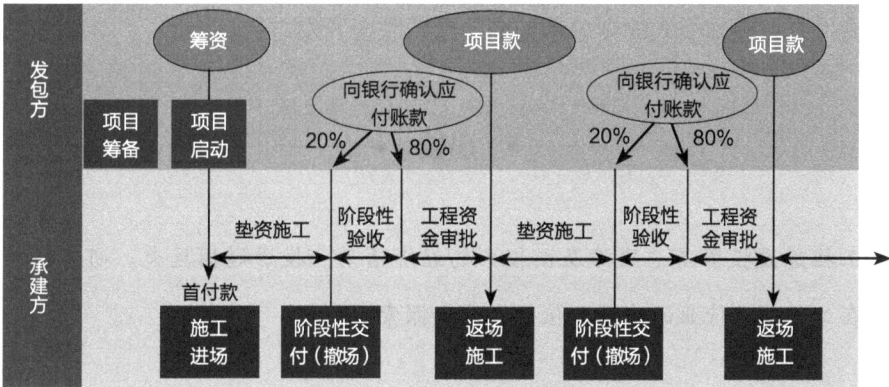

图 4-8　工程进度款供应链金融

发包方使用自己的银行信用，在进入或启动阶段性验收工作时，先向银行确认应付账款的 20%，让承建方不用撤场，继续开展下一阶段的采购及施工工作。待投资集团完成阶段性验收后，在开启工程资金审批流程时，发包方再向银行确认 80% 的应付账款，让承建方可以继续采购及施工。待工程资金审批流程结束后，发包方正常支付到银行指定的承建方监管账户，银行扣取之前确认金额的本息完成还款，余额转给承建方的其他一般结算户。

这样，投资集团将大大加快施工的进度，减少设备租赁、承建方撤返场等带来的成本损失，减少材料价格波动对工程造价产生的综合影响。

2. 引入外部供应链金融以缓解内部投资压力

部分投资资金不足的项目，可以引入对此项目非常认可、有较强资金实力或较大闲置信用规模的嵌入的供应链公司，作为部分项目的总承包商（或联合开发方）。引入的信用外援类似于EPC+F（设计－采购－施工＋融资）模式，差别在于将"F"换成了"供应链金融＋到期的资金支付保障"。

引入嵌入的供应链公司增信并提供确权的银行反向保理融资，使承建方在完成本阶段的交付时，不用等到各种审批流程结束，即能获得本阶段的部分工程款。项目的阶段性验收方是发包方，而向银行确认应付账款的确权方和到期保障支付方调整为引入的"总承包商"或"联合开发方"。

———— • 小结 • ————

工程建设投资是一项涉及面较广的经济活动，投资规模巨大。研究供应链金融在工程建设行业的应用，值得尝试和探索。

二、投资集团规划供应链金融，需要有弹性的风控体系

国内各地方省属投资集团几乎都成立了供应链公司或物资公司等下属分支机构，开展了各种供应链金融方式的尝试。

1. 工程建设项目的综合付款周期

在工程的承建方和材料供应商之间产生的综合付款周期，除受承建方的付款审批流程影响之外，还与承建方的资金实力和投资集团项目建设资金的支付情况息息相关。

承建方的付款保障取决于垫资款的到位情况。而投资集团作为发包方，项目建设资金支付情况所决定的综合付款周期，表现为承建方完成阶段性交付到

阶段性项目建设资金支付到位的时间。承建方与材料供应商（供应方）的综合付款周期结构如图 4-9 所示。

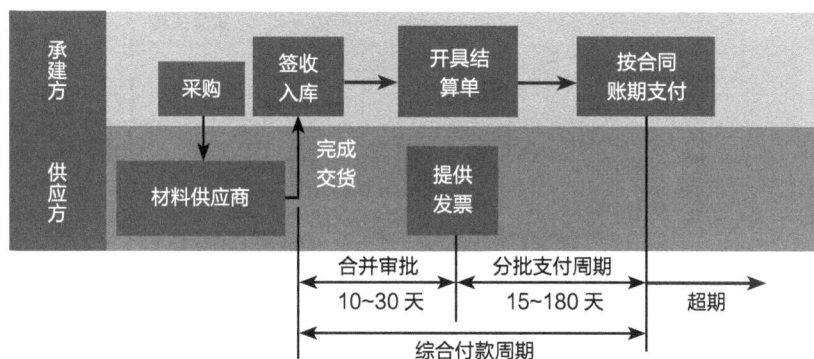

图 4-9　承建方与材料供应商（供应方）的综合付款周期结构

由于综合付款周期的存在，且工程建设的材料基本是钢材、水泥、预制件、砂石骨料等，涉及单笔资金量较大的采购业务，绝大部分供应商会提前一个月全额预付订货，小部分现钱现付、全款提货。这种情况下，承建方对供应方的综合付款周期越长，对供应方的影响就越大，进而影响工程的建设进度。所以，嵌入式供应链金融若能覆盖综合付款周期，对发包方、承建方和供应方都能产生价值。

2. 组建嵌入的供应链公司，优化项目建设各要素

保障项目建设的基础物资供应，不仅能有效保障工程质量，更能简化承建方的固化流程及降低可能存在的资金压力，减小采购延迟及项目进度拖延的可能性。

目前，各投资集团在供应链领域的尝试主要有两种形态。

（1）成立物资公司

甲供材（甲方供应材料），即投资集团发包，下属或外部建筑公司承建，

可选择向集团下属的物资公司采购部分物资。例如，某公路工程采购产业链关系如图 4-10 所示。

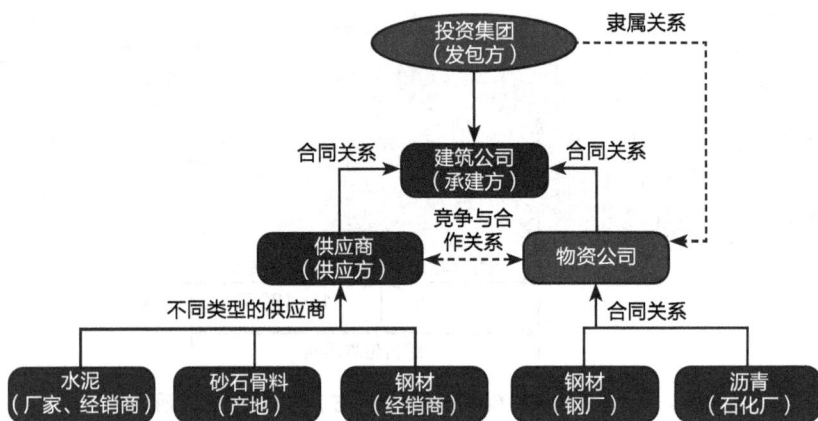

图 4-10　某公路工程采购产业链关系

绝大部分的投资集团，已经实施了统贷统还、统收统支等统筹营运资金的管理制度，上收了独立融资的权限，各成员单位未经允许，均不能单独向银行进行借贷。至于公司开展业务所需的资金，一部分是靠自己积累的自有资金，另一部分是向集团借支，对此，各集团均有不同阶段的内部资金计价策略。

（2）搭建供应链金融平台

部分规模较大且实力雄厚的投资集团，已经搭建了供应链金融平台，部分集团开发或引入了单信模式，部分集团成立了供应链金融公司（保理公司）。投资集团希望通过供应链金融平台给集团内部产业链生态中的上下游环节提供供应链金融支持。供应链金融平台关系如图 4-11 所示。

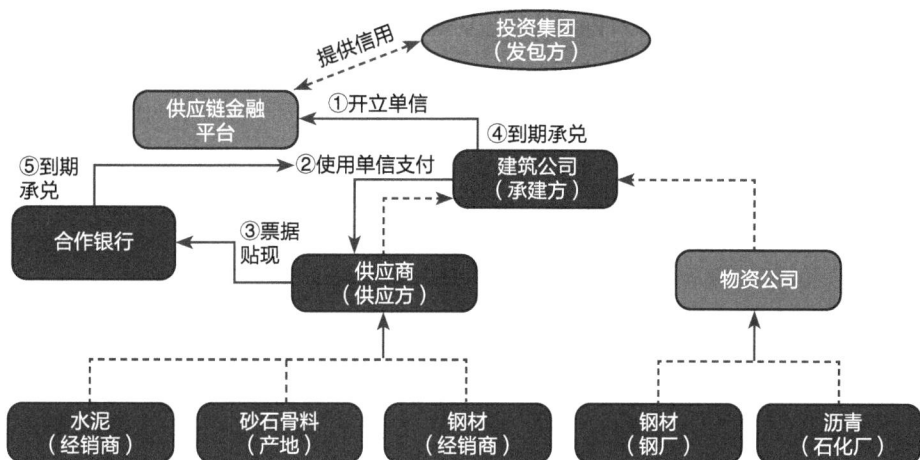

图4-11 供应链金融平台关系

图4-11中右下角的虚线部分是业务运转的结构示意图，左上角的实线部分是单信模式的发生位置和结构示意图。

集团在内部产业链生态中成立供应链金融平台，也是集团信用输出和传递的一种方式，与嵌入式供应链金融有两个区别。

①供应链金融平台在开展业务前，一般要在银行拥有独立的授信，需要集团提供保函等担保措施。而嵌入式供应链金融是集团将自己的专项授信额度，分配给下属公司使用，物资公司或嵌入的供应链公司是非金融实体企业，无须银行单独授信，统一使用集团额度即可开展反向保理业务。

②嵌入式供应链金融通过下属的供应链公司嵌入产业链，拥有债权及物权，比成立供应链金融平台直接提供金融及类金融业务，要更加安全可控。毕竟一个是非金融业务，另一个是金融业务，风险等级和风险控制手段是不一样的。

搭建和使用嵌入式的供应链金融结构，不仅不需要考虑类金融公司的管理和风险等问题，而且能合法合规地创造业绩及利润，推进产业链的优化。

3.从资金驱动型业务模式到信用驱动型业务模式，让管理更有弹性

资金驱动型业务模式，是将集团统一筹措的资金，划拨给各成员单位执行业务、完成绩效目标的一种管理模式。这种模式对资金的需求量大，资金综合利用率相对较低，并使得资金成为集团及各成员单位推动业务运转的核心生产要素。物资公司资金占用结构如图4-12所示。

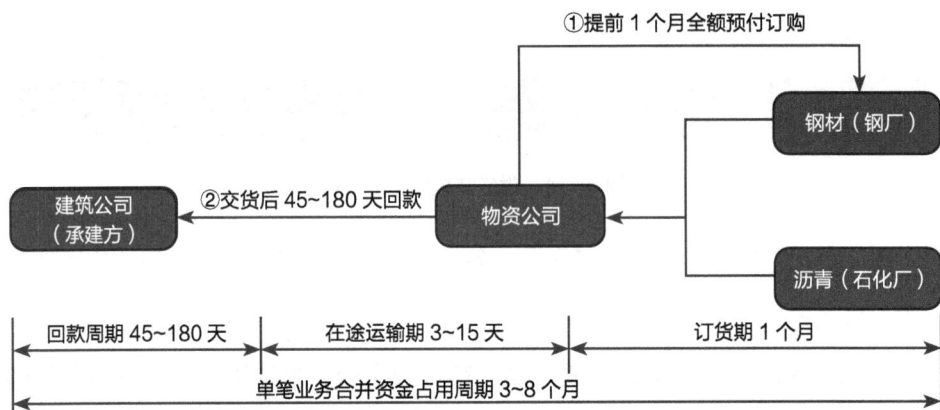

图 4-12　物资公司资金占用结构

企业产生利润的方式有两种，要么是因为单次高的利润率，要么是因为缩短资金占用周期，提高业务运转频率，获得高周转率的复利。图4-12中，单笔业务合并资金占用周期包括订货期、在途运输期和回款周期，用时3~7个月，假设物资公司的资金没有任何闲置时间，资金每年的周转次数为1~4次。

这样的低周转率，成员单位想要完成绩效目标和增量任务指标，就需要大量的资金，而集团财务就要不断地协调、筹资，保障及合理分配各种所需的资金资源，并且要满足监管要求，这会给集团财务带来巨大的工作压力。

这种依靠可支配资金驱动的运转结构，既束缚了各业务部门开展工作，也打击了财务部门、一线业务经营单位的积极性。

对此，集团可搭建及使用嵌入式供应链金融模式中的信用驱动型业务模式。

集团可根据综合授信状况，以划拨信用可用额度的模式，来驱动和满足各成员单位的业务资金需求，并指定仅用于反向保理的专项额度（需要避免成员单位利用票据期限套取资金，占用额度的时间过长），将其划拨给下属物资公司或嵌入的供应链公司，将资金驱动型业务模式逐步调整为信用驱动型业务模式。

信用驱动型业务模式既能大幅扩大业务规模，又能利用银行的金融产品及配套的账户管理结构，营造封闭运行的资金环境，降低资金监管压力。嵌入式供应链金融模式基于集团下拨的信用开展业务，业务运转的资金是在银行监管的账户体系中运行，不仅能保障业务的正常开展，还能通过信用额度建立可调节、有弹性的管理生态。物资公司供应链金融结构如图 4-13 所示。

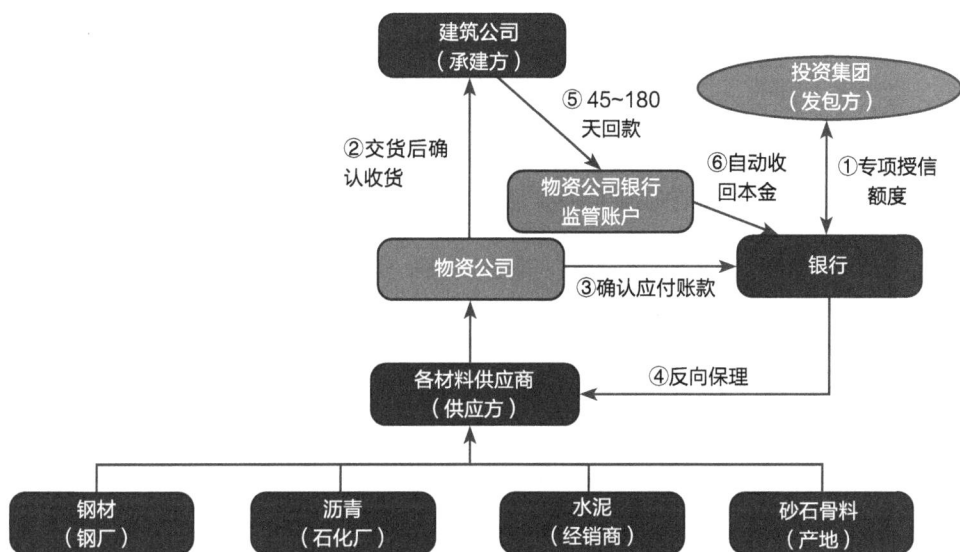

图 4-13　物资公司供应链金融结构

在信用驱动型业务模式下，物资公司或嵌入的供应链公司不用承担内部计价的资金使用成本，不用考虑资金综合利用率，用信用就能开展业务。

4. 有弹性的风控结构，将释放更大的生产力

资金驱动型业务模式需要考虑资金安全，毕竟开展业务投入的是真金白银，给一线业务执行人员的责任压力非常大。

信用驱动型业务模式的风险控制具有一定的弹性，可以利用银行的金融产品期限和业务期限的时间差，对可能出现的风险事件设定风险等级，并进行分级应对和处理。一旦发生某个类型的风险事件，即可根据不同的级别启动不同的预案，这样一线业务执行人员才更敢于扩展业务，如案例4-1所示。

案例4-1

监管体系需要更好的环境，才能调动工作积极性

笔者有一次给一家地市级的国资投资集团提供咨询服务，对接人是一家二级集团的领导。该领导是集团从银行挖来的，是具备金融知识的高级管理人才。

以往开展业务，都是要与集团协调资金的。有一次，这位领导在开展业务的时候，业务对口单位明确回款周期是三个月以内，集团经过风控会议后开展了业务。结果回款因故超期，这位领导真正体会了什么叫寝食难安。他暗下决心再也不做业务了。

可是经营压力在那里，不得不做，于是他在风险条件和业务筛选上变得异常严苛，导致大量的优质业务预案流产，最终一线业务执行人员失去了开展工作的积极性。

基于供应链金融，要将资金驱动型业务模式调整为信用驱动型业务模式。除营造闭环的账户环境外，还要利用向银行确认的最长期限来控制回款周期的

风险，使风控调节的弹性变大，产生处理期和缓冲期，建立具有弹性的风险应对机制。

建立风控预案，实行分级处理的示例如下。

①在开展业务时，使用"后计息反向保理"进行支付时，原本三个月正常回款的业务，可向银行确权六个月或一年。如果三个月内能够正常回款，则自动还款完成业务，供应商的融资费用按照三个月的利息计算。如果超期，则有三到九个月的弹性缓冲期。

②超期三个月即可启动业务部门协同供应商开展催收工作，密切跟进催收进展，了解超期的原因和超期的周期，并获得交易对手单位超期的预期承诺。

③如果超过了之前的预期承诺，应立刻启动业务部门与供应商的商务公关工作，同时暂停对供应商的确权，将已经滚动开展的业务回款扣为代偿储备金。

④一旦再次超过合理的承诺周期，即可发律师函或启动法律诉讼程序，直至追回款项，同时，将情况通报给合作银行。

⑤对于投资集团内部项目的承建商造成的严重超期，集团可建立专项风控处理机制。投资集团在支付项目进度款或是存在项目建设争议情况时，可优先单独拨付一笔款项，委托银行支付给下属的物资公司及嵌入的供应链公司（防止承建商截留），以保障下属的物资公司及嵌入的供应链公司的银行信用安全。

⑥这些处理周期都包含在向银行确认的期限范围内，出现问题的单个事件的周期，也应控制在向银行确认的周期之内。

资金驱动型业务模式的风控方案是非常刚性的，很难设置处理期和缓冲期。而信用驱动型业务模式使用银行的反向保理产品，巧用了金融与业务之间的期限错配来开展业务风控，从而能获得处理期和缓冲期。

另外，信用驱动型业务模式下，一线单位的业务中引入了银行，增加了第三方金融机构。银行在提供供应链金融时，会对各业务流程进行非常严格的审核，承担独立风控责任，可辅助集团对一线单位的业务规范化进行监督和管理，提供风险防范措施，约束产业链上各合作方的行为。

——● 小结 ●——

　　供应链业务就像是一台"钢琴"，而众多的供应链金融产品和模式好比是各种根据需求设计的"琴谱"，二者是性质不同的两个范畴，二者的管理结构和风险结构也是有区别的，不能混为一谈。

　　如果自己设计"琴谱"，自己弹奏，要求是非常高的。投资集团既开展供应链业务，又同时开展供应链金融业务，跨度比较大，需要考虑的内容也很多，很难产生有效的生产力。

　　投资集团与银行合作，推动嵌入式供应链金融模式，建立信用驱动型业务模式，构建供应链领域的业务结构，成员单位使用规范化管理功能开展供应链业务，银行提供专业的供应链金融服务，由专业的人干专业的事，可谓事半功倍。

第五章

飞龙在天：
生态赋能，助力实体经济发展

解决根本问题，精准施治，找到有效发力点。

经济要想加速发展，解决企业承接业务的流动资金缺口问题是关键。上市确实是一条有效的路径，但这仅适用于小部分的优质企业，而且股市中的投资资金有限，上市的企业越多，就越会出现大量的坐冷板凳的企业，市场的融资效应将日趋分化。

成长中的广大中小企业是推动地方经济发展的重要力量，却面临着融资难题，而银行的普惠金融单户授信额度并不高，对于非小微企业而言，无法起到太大作用。只有深入研究和拓展基于业务的流动资金供给途径，才能探索出有效支撑广大中小企业发展诉求的金融方案。

另外，"信息化"讲究的是信息的真实性、有效性、及时性、准确性和完整性，而"数字化"要"面向可定义的对象或抽象的有价值对象"进行完整的描述并建模。嵌入的供应链公司通过切入上下游经济环节，通过中间的业务环节进行标准化建模，形成数字化的业务和数字化的金融资产。

第一节　用嵌入式供应链金融，推动地区经济高质量发展

地区经济以聚集性、区域型经济结构为主，其中包括开发区园区和自发形成的聚集性产业群，还有围绕城市居民消费的经济单元等。

这些区域性经济的企业构成、运作方式、上下游产业链的特点都不太一样，但解决流动资金不足这一难题是共同的需求。

一、园区专用供应链：易招商、好成长、留得住

自 20 世纪 80 年代全国各地纷纷规划建立工业园区和经济开发区以来，大部分的实体制造企业已入驻这些园区。

1. 园区的烦恼

园区的烦恼主要在"招商引资""结构性发展""留住好企业"等方面。

①部分北方和中西部地区，招商引资相对困难，竞争激烈。公开的优惠政策几乎完全同质化，意味着招商吸引力减弱。

②在《区域全面经济伙伴关系协定》（RCEP）的推动下，东盟也在不遗余力地招商引资，给了企业更多的选择，愈发加重了二、三线城市的招商压力。

③由于招商难度大，园区没有完全按规划引进目标企业，所以规划的基础设施复用率不高，园区运营成本和难度加大。

④经济发达地区的园区，由于产业升级需要，正处于重新规划的重要阶段，想引进来的是那些符合规划的先进企业，而这样的企业都是香饽饽，很抢手。

⑤招商引资提供的优惠政策都有时效性，过了扶持期，部分企业容易将主体业务转移。

如何大批引进优质的、符合要求的企业，如何高效利用本地资源获得长久的发展动能，如何让企业将主要的业务留在本地长期发展，入驻企业如何快速发展、快速产生业绩，带动产业链上的其他企业向本地聚集，是园区招商时的重要研究课题。

2. 用嵌入式供应链金融探索园区发展新模式

园区可筹建直属的嵌入的供应链公司，注入仓储物流类的资产，引入愿意合作的银行，协调相应的专项授信额度，使用嵌入式供应链金融模式，为入园

和拟入园的企业提供流动资金支持。

嵌入的供应链公司嵌入园区企业的上下游产业链，随订单定向提供流动资金，可以帮助园区企业减轻应收账款压力；可以利用代采减少流动资金占用，降低采购成本，提高采购质量；可以逐步建设和运营专业园区的数字化、市场化、品牌化、标准化、电商化、国际化综合服务平台，优化园区企业上下游产业链生存环境；可以助力园区企业提高创新能力，强化市场竞争力，获得规模性业务增量，提高盈利能力和盈利水平，形成长久紧密的战略性合作结构，共享发展红利。

（1）面向园区存量企业

可以基于园区存量企业上下游业务、各交易环节的收付结算特点，探讨和设计匹配的流动资金支持方案。园区嵌入式供应链金融模式如图 5-1 所示。

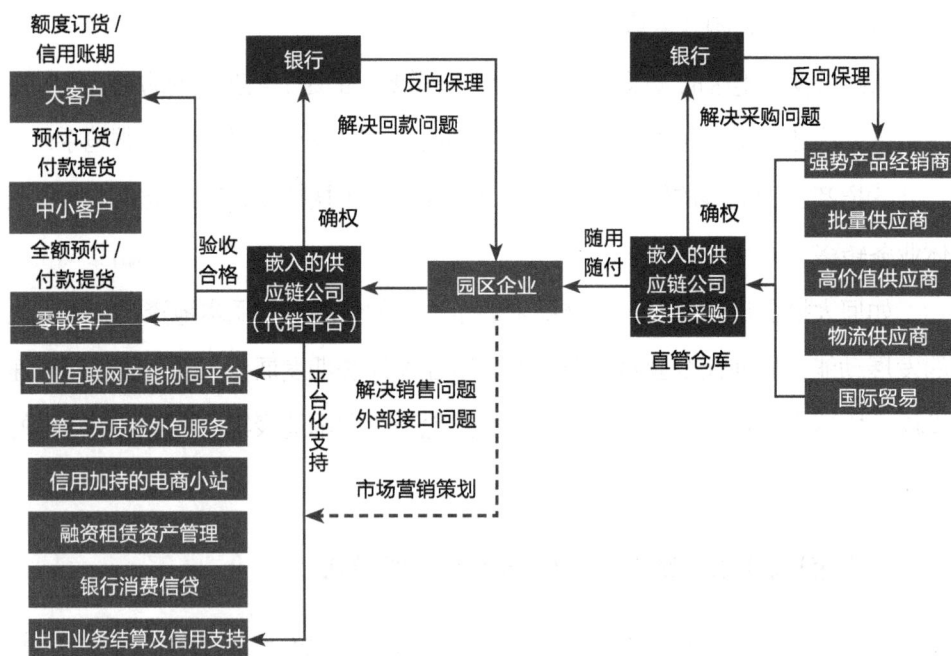

图 5-1　园区嵌入式供应链金融模式

嵌入的供应链公司可逐渐开展第三方质检外包服务，建立工业互联网产能协同平台、信用加持的电商小站（一种可嵌入各大电商平台的子平台），开展出口退税、代收预付款及开立采购信用证等业务，为园区企业提供国际贸易所需的服务，帮助园区企业提高标准化、平台化、电商化及数字化水平；可根据园区企业的产品属性和特点，与银行合作拓展对企业扩展销路有帮助的消费信贷、融资租赁等辅助营销业务。

在嵌入式供应链金融模式下，基于综合环境，在企业能够获得流动资金和业务平台等各领域的支持的情况下，优惠扶持政策就变得不那么重要和必要。搭建能够帮助企业获得增量业务和实现快速发展的营商环境，才是企业最需要的。

嵌入式供应链金融能够伴随园区企业成长，从园区企业的外部为其提供支持和帮助，而嵌入的供应链公司与园区企业既不会相互绑定，又能长期协同发展，并始终保持与符合生产力发展趋势和方向的企业紧密结合，从而使园区和企业长远、稳定发展。

更重要的是，嵌入的供应链公司不仅能够向园区企业提供不可或缺的价值，还能产生稳定的良性的服务性收益，能基于业务直接而不是间接分享园区企业的发展红利，并通过综合服务平台开展各种增值及衍生的业务，创造更多的边际效益，形成合作共赢、优势互补、伴随成长、共同进步、长期健康发展、共创未来的园区新模式。

（2）针对拟招商的企业

嵌入式供应链金融可以针对拟招商的企业，提供精准匹配的流动资金支持模式和方案，提高园区的定向招商能力和吸引力。

①与核心企业联动，构建区域协同型产业链。

核心企业升级产业链的困境前文已经介绍，园区可主动、就近与本地区的核心企业合作，根据核心企业的产业链升级策略，共同规划协调联动方案，定制园区规划和入园招商引资方案，与本地区的核心企业协同开发，这样不仅能有效解决核心企业产业链升级的难题，也能因地制宜，充分利用相关的资源和优势。

②与行业头部企业联动，从底层规划产业链协同环境。

园区应根据地方政府的产业发展导向，主动与行业头部企业接触，对产业链上下游及收付结算特点进行梳理，共同商议，为头部企业定制基于嵌入式供应链金融模式的产业链升级方案，并与头部企业协同设计合理的配套结构，吸引头部企业入驻园区。通过建立标杆企业，逐渐形成行业性的统一支撑系统平台和综合资源配套环境，吸引其他同类企业入驻，使相关或同类企业聚集。

③从产业链结构入手，引入配套的链式环节。

园区应利用本地区周边产业链，对相对比较缺乏的产业结构或补充性环节进行重点招商引资，使用嵌入式供应链金融模式，基于产业链的收付结算特点，设计产业链的流动性供给配套方案，形成地区经济中补短板的产业园区结构。

———— • 小结 • ————

嵌入式供应链金融模式能有效加强招商引资的吸引力，吸引优质企业入驻园区，而不是仅仅依靠不可持续、有一定期限的优惠政策。招商引资的吸引力强，愿意来的企业就多，园区可挑选的余地自然就大，更重要的是能有效地留住企业，让其安心在本地长久发展，在促进就业的同时，还能通过嵌入的供应链公司给园区及当地政府带来持续的发展红利。

二、支持企业创新，提供创新的土壤

创新是推动社会经济快速发展的核心要素，而企业创新所面临的困难也是很大的。企业往往需要勇气，在不断的挫败中坚持不懈；企业还需要有充分的心理准备，因为不一定能取得成功。

"另辟蹊径"和"开荒拓土"的创新是极少的，"推陈出新"是创新的主流，其中最大的障碍是"推陈"。"陈"代表着传统的业务、传统的供应商、传统的生产结构、传统的生产关系、传统的交易结构等。特别是对正常运转的传统结构而言，没有特殊的因素是很难改变的。

（1）创新契机，决定创新路径

大部分创新契机来自产业链外部环境的改变，比如国家颁布相关政策、发布了新行业标准，龙头企业改变了准入门槛，等等。这些外部环境的改变催生了创新契机。

小部分创新契机是从产业链内部环境产生的，比如因采购成本过高而寻求替代品，因功能达不到要求而寻找更佳方案，因环境安全要求提高而寻找解决方案，等等。这部分创新往往由头部企业或链主企业主动发起，属于产品创新范畴，与市场和消费紧密结合。

另外一部分是独自创新，比如研制了具有某种特殊功能的新材料、新的化合物等。独自创新是创新中最难的，受到的阻力也是最大的。

（2）创新成功，需要特殊的基因与环境

在产业链中针对企业端客户开展产品创新和科技创新，主要挑战如下。

①开发的创新产品，在性能、功能和成本等方面与传统产品相比，要有较大的改进，企业需要在研发和验证方面有大量的投入，承担试错成本，同时还要准备验证成功后进行大规模市场推广的费用。换言之，创新的成功不仅需要投入大量的研发经费，还要准备大量的流动资金，只有这样才能让创新产品成

功落地。如案例 5-1 所示。

创新不易，推广过程也不容易

某创新型生物化肥企业的研发团队，投入巨资，经过多年的研发，研发出一种专用于棉花的滴灌肥料，这种肥料能对抗盐碱性土质，产出的棉花纤维长度能达到优质标准。

一般购买该产品的是大型的农业企业，按行业惯例，这家创新型企业需要在供货半年后才能收回一半款项，一年后才能收回全款。这意味着企业为了创新已经耗尽财力，推广时又将面临销售回款周期所带来的流动资金压力。这家创新型企业可以筹措的资金投入生产，产量最多能供应 1000 亩（1 亩 ≈ 666.67 平方米）棉花的种植，而全国目前的棉花种植面积共有 4500 万亩，企业只能对此望洋兴叹。如果没有更多的资金支持，除去生产成本、设备折旧和人工成本，企业根本没钱接其他订单，更谈不上快速发展。

某钢材防腐技术创新型企业，研发了一种镀铝的高速公路钢护栏和镀铝的输变电线路铁塔钢架，相比传统的镀锌产品每两年就需要人工补刷防锈油漆，镀铝产品的耐腐蚀性几乎是永久的。使用镀铝的钢材不仅可以大大节约运营维护成本，大幅延长设施的使用寿命，而且铝的延展性比锌好，1 吨铝可用于加工生产 10 吨钢护栏或铁塔钢架，而 1 吨锌只能用于加工生产 1 吨钢护栏或铁塔钢架，虽然铝比锌贵，但实际上产品的单位生产成本更低。其中钢和铝的成本占生产成本的 95%，但钢厂和铝厂都要提前一个月全额预付，生产和运输又需要一个月，材料交付到工地后，施工单位要 3 到 6 个月才付款。于是，由于现金流障碍，企业很难扩展市场。

类似的例子还有很多，专精特新企业的销量和产能没有达到一定规模之前，生产成本往往是相对较高的。先不说生产设备的前期投入问题，采购原材料要求先款后货就要承受巨大的压力，在生产、运输、运营、售后、税收、人工等方面，都要产生大量的投入和开支。因此，企业能接的订单是非常有限的，生存都成问题，何谈创新发展。

②创新产品在为客户接受前，通常需要通过认证和鉴定，并获得主管部门的批准，中小企业的审批通过率往往会比较低，如案例 5-2 所示。

案例 5-2

一张煤安全证，难倒英雄汉

一家专门研究耐火材料的企业，与南京大学联合研究开发了一种特殊的液体，将其喷洒在纸张或者布匹上就能承受上千摄氏度的火焰（企业的董事长将沾满了这种液体的毛巾放在手上，用高温喷火枪直接烧，手未出现烧伤）。这种液体能够瞬间将由汽油等易燃物质产生的火焰熄灭，灭火非常快，曾经在江苏某高速公路的运油车事故中成功应用。如果将其喷涂在土和碎石上，土和碎石几个小时就能凝固在一起，比混凝土还要坚硬，同时还具有隔绝高温的作用。

这种特殊液体在消防领域中，由于未被纳入必备的消防用品目录，靠市场营销运作，在消防系统推广，其使用量和采购频率根本没办法支持企业的正常生产和运营。这种特殊液体在煤炭等地矿隧洞的整固、自燃煤的灭火、露天堆场的煤堆安全保护、沙地和山地的固土护坡等方面也具有不错的应用场景。

但是，要在这些领域广泛地投入应用，需要获得有关管理部门的安全认证。对于一家初创型的中小企业，安全认证部门会非常担心其售后不完善及持续的质量保障能力不足等潜在风险，批准通过的概率小。即便获得了批准，回款结构又将是该企业面临的另一个障碍。

案例5-2中，创新成果在拓展应用路上的巨大障碍主要有两个，一是回款的综合付款周期问题，二是安全认证难以获批问题。

安全认证难以获批问题是特定场景及个别领域中的障碍，而回款的综合付款周期问题是普遍存在的障碍，严重抑制了中小企业的创新动能，降低了创新企业的成功率，同时也抑制了投资机构对创新型企业的投资热情。

（3）创新型企业的困境

如果没有针对性的市场营销及业务性流动资金的专项支持，即使已经成熟的创新型企业也很难快速打开市场。

①开发新产品常常是一个艰难的过程，研发新产品需要大量的前期投入，企业经济压力是比较大的。

②新产品投放市场时，营销难度很大，可能会遇到传统势力和习惯势力的排斥和阻挠，市场开发费用相对较高。

③在正式将新产品纳入采购时，客户往往需要企业提供一定的赊销期才愿意试一试，变为长期采购以后，赊销期往往就成了采购结算的惯例。

创新就像是一场行业内的变革，要么企业自我革命，要么企业被别人革命。社会要进步，创新是关键的成长动力和重要的生产力发展因素，针对性地解决创新企业的外部障碍和难题，有助于营造提高创新成功率的空间。

地方政府可考虑针对专精特新企业，组建专用的嵌入的供应链公司，拨付专用的额度定向扶持。另外，可提供一些特殊的扶持性策略，例如向银行确权的比例可以提高到90%，代采时收取的保证金比例降低到10%，等等。同时，根据具体情况，适当给予企业资质方面的市场支持，帮助创新型企业尽可能快地获得行业的准入资格，营造有利于专精特新企业快速发展、提高创新产品转化率和渗透率的良好环境。

———— • 小结 • ————

创新大都是企业行为，依靠的是组织的力量。创新需要大量的投入，需要各种资金的支持，风险投资和股权投资是早期创新资金的重要来源，而解决业务落地推广所需要的流动资金问题，有助于加快推广速度。

股权投资和风险投资在供给上互相补充，有助于营造良好的创新环境。

三、支持产业集群发展，需合并供给原材料

产业集群是经济结构中不可忽视的部分。

1. 产业集群的特点

某个地方的某个人，一旦发现某个不需要太多投入就能生产并能赚钱的产品，就会开始效仿。而后，一传十、十传百，其他人也开始效仿。时间久了批发商也会专门到这些地方采购，于是很多其他地区的同类型小企业也纷纷迁到这里，各种因素叠加，逐步形成了产业集群。

（1）产品同质化，扎堆聚集，数量庞大

广东、福建、浙江、江苏和山东等沿海地区，还有河南和安徽、湖北等内陆地区，产业集群较为普遍。这些地区中小企业数量众多。生产的产品大都是同类型的产品，同质化特征突出。

（2）生产自成系统，相互协作，半自动半手工

大部分聚集性产业都将生产流程拆解细分，然后多家分工协作，谁有订单就协同生产，有的专门负责其中的某个环节，有的将订单分拆给各家，各家完成后再合并交付；有的集中批量处理，有的采用半自动半手工的加工形式。有的已经购买了相应的自动化设备辅助生产，有的各用一种专用设备分拆生产。

一个聚集性产业区域常常就是一个小型化的产业链，生产组织形式非常灵活多样。

（3）销售形式多样，批发、零售、网销一条龙

聚集性产业的销售形式可谓五花八门，有前店后厂的产供销一条龙，有专项批发市场进行分销，有网店及直播"带货"，等等。只要有利于销售，可以说是尽展其能。有直接面向企业客户销售产品的形式，也有自己上门直销、贴牌、启用经销商等传统的形式。

（4）价格便宜，以量取胜，质量越来越好

聚集性产业的产品常常以量取胜、以价格取胜。聚集性产业通过低价，赢得规模性的销量，甚至逐渐获得全国、全世界的"量"。量越大，越能进一步摊薄成本，越能进一步批量化分工协作，从而有能力继续保持低价。并且由于生产水平和基础材料的整体提升，很多产品的质量也变得越来越好。

2. 聚集性产业的困惑

众多聚集性产业，即使已经达到一定销售规模，可能也没考虑过管理成本、市场投入、品牌建设、销售成本、运营成本、资金成本、策划成本、设计成本、研发成本等。

聚集性产业的困惑主要来自原材料端，企业希望能获得质量更好、价格更便宜、来源更稳定的原材料。聚集性产业，往往由于单个企业的采购量较小，订单量不稳定，储存条件有限，采购原材料的持续性和稳定性不高，采购规模

不大，没有议价能力，导致原材料的采购价格偏高，货源不统一，缺乏质量检验标准，得不到稳定的保障。

3. 用嵌入式供应链金融支持聚集性产业

地方政府可组建专门扶持聚集性产业的嵌入的供应链公司，使用嵌入式供应链金融模式中的代采模式，专门帮助本地的聚集性产业，进行规模性的原材料采购，这样不仅能有效控制采购成本和采购质量，还能针对不同的货物属性，提供相应的仓储支撑，特别是对于那些涉及低温或灭菌储藏设备的聚集性产业。

嵌入的供应链公司可根据汇总的采购量，形成规模化采购，汇聚包括外贸进口在内的各种直通化、价格低廉的货源，对当地的聚集性产业提供支持。

这样的支持对当地的聚集性产业非常有利。这么做不仅能降低原材料采购价格、提高原材料质量，还能大幅减少由于原材料的价格波动给当地的聚集性产业带来的冲击，保护其市场竞争力。

———— • 小结 • ————

社会的需求是极度丰富、个性化和不断演变的，大型工业化企业更适合生产相对成熟、科技含量高、工艺复杂、具有较大经济效益的产品。聚集性产业在经济结构中是一种重要的成分，如果能够通过供应链及供应链金融从原材料供应领域给予精准的支持，就能最大限度地支持聚集性产业的健康发展。

四、城市消费供应链：订单农业的数据之端

城市居民的消费体系，除服装和小商品商店以外，还包括提供各种蔬菜、水果、肉禽的批发市场、社区农贸市场、大型超市、社区小超市等。

1. 城市消费供应链的现状

供给体系分为一级批发商、二级批发商和零售商。其中一级批发商常常是从产地到城市批发，二级批发商常常是从城市的批发市场到零售网点进行零售。城市消费供应链如图 5-2 所示。

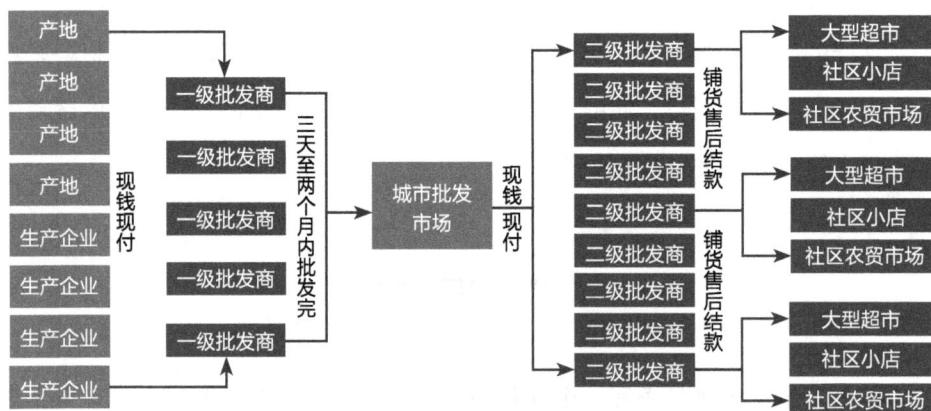

图 5-2　城市消费供应链

一级批发商的主要经营风险来自过量采购造成的产品滞销，销售不及时造成的产品积压。而最了解本地市场需求及货品销量情况的是二级批发商（分区分片进行配送销售的配售商），绝大部分二级批发商都有相对固定合作的一级批发商。

一级批发商的现金流压力，主要来自向产地和生产企业进货时需要现钱现付。一级批发商将货品运输到定点经营的城市时，根据货品情况不同，一般在三天至两个月内完成批发，资金根据批发情况分批回笼。

二级批发商的情况相对比较复杂，大部分是从一级批发商处，以批发价现钱现付采购之后，在各区域内已经协商好的大型超市和小商店铺货，并由这些门店代售代销。其中，在各社区小商店铺货的代销，大都按周结算或按月结算，主要的资金压力来自各大型超市，其销售结款的周期常在 4~6 个月，长的甚至超过半年。

二级批发商的经营特点是拥有货权，各协议门店只是代售，故而可以通过相对广泛的渠道走量，薄利多销。各大型超市和小商店少量自采商品，以此大幅减少进货库存占用的资金。

当某个门店的销售情况不及预期，二级批发商可及时调剂，加快销售速度，减少产品滞销和产品积压。各代销门店中临近保质期可搬移的产品，二级批发商可将所有临期产品集中到大型超市进行打折促销。

2. 针对城市消费体系的嵌入式供应链金融

很多批发市场都有国企的身影，传统方式是国企通过提供场地收取租金赚取收益。国企可根据一些特定品种的消费品组建嵌入的供应链公司，为一级批发商提供相应的供应链金融支持。由二级批发商提供采购需求，交纳 20% 的保证金，统一向一级批发商订货，货物验收合格并入库后，即可通过嵌入式供应链金融模式，向银行确权，使用反向保理对一级批发商完成支付，利息由嵌入的供应链公司根据订货量及销售提货周期支付，二级批发商补齐尾款并提货。

由于货到付款，同时批量交付不用担心存货积压，一级批发商可大幅降低批发的销售价格，使交纳 20% 的保证金的二级批发商能够降低采购的价格。

另外，可针对二级批发商在大型超市铺货，提供以持有物权解决综合付款周期问题的消费供应链金融模式，如图 5-3 所示。

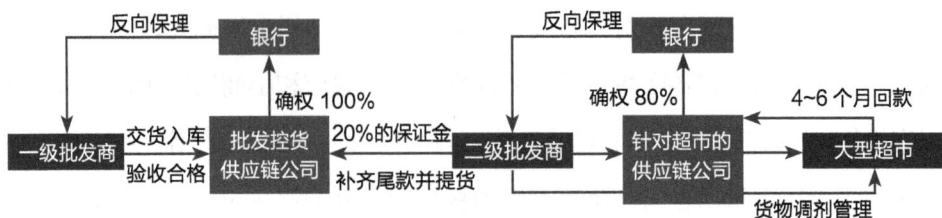

反向保理　银行　　　　　　　反向保理　银行

一级批发商　交货入库 验收合格　批发控货 供应链公司　确权100% 20%的保证金 补齐尾款并提货　二级批发商　确权80%　针对超市的 供应链公司　4~6个月回款 货物调剂管理　大型超市

图 5-3　消费供应链金融模式

　　针对城市消费体系的嵌入式供应链金融模式，可以大幅降低一级批发商的资金压力。嵌入的供应链公司根据二级批发商的合并采购需求，集中向各一级批发商进行采购，避免一级批发商过量采购、库存积压造成的风险，合理控制城市消费供给的安全库存规模，尽可能减少损耗和浪费。

　　基于现金流的需求，嵌入的供应链公司能快速地切入城市消费体系的主要关键环节。嵌入的供应链公司根据需求进行采购，能输出需求数据，比如城市不同消费品的季节性数据、消费衍变数据、原产地溯源数据、价格指数数据等，精准对接订单农业，从而有助于建设城市级需求端消费大数据的基础环节。

—————— ● 小结 ● ——————

　　城市消费供应链是一个非常庞杂的应用场景，传统模式依靠民间自有资金运转，折算在单位运营成本中的资金成本是相对较高的。而嵌入式供应链金融模式能大幅降低中间环节的资金占用压力，减少过量采购造成的损耗；对于管理城市消费体系的供应渠道，建设城市大数据中关于消费大数据的基础环节，能够起到非常重要的作用。

　　各生产企业及种植户、养殖户，可以根据基于消费大数据的订单及精准的需求数据，合理安排产能和生产，理顺产业链结构，从而改变经营环境，减少供大于求造成的浪费问题、供不应求造成的短缺问题。

第二节　具有特殊用途的嵌入式供应链金融方案

嵌入式供应链金融模式的应用场景有很多，由于篇幅所限，此处没办法一一展开。

只要存在占用现金流、需要提高资金利用率的产业链结构，就可以使用嵌入式供应链金融模式进行细致分析，找到问题产生的原因，摸清各参与方的困境，将不可调和的部分，通过植入嵌入的供应链公司进行隔离，从而设计出多方共赢的场景，形成可以管理加工的中间环节，架起引入银行供应链金融的桥梁。

为能提供更多的想象空间和适用思路，本节主要介绍两个具有特殊用途的嵌入式供应链金融方案。

一、供应链金融助力开发特色农业

国内有很多知名的地方特色农产品，市场上却充斥着冒牌货。阳澄湖大闸蟹非常有名，仙居杨梅个大且甜，但市场上的阳澄湖大闸蟹、仙居杨梅，有多少是真正的阳澄湖大闸蟹、仙居杨梅呢？

一度风靡全网的"县长直播带货"，是地方特色农产品领域一次非常重要的尝试，可以说是开启地方特色农产品品牌之路的钥匙，但这远远不够，还需要形成一套能够持续正常运转、产供销完整的产业链。

1. 开发地方特色农产品，应该先建立标准

我国几乎每个地区都有远近闻名的特产，很多特产历史悠久。随着流动人口的增加和消费需求的多样化，开发具有鲜明地方特色的农产品，对每个地方都极具商业价值。

分层次供给和分层次消费农产品，是种植业和养殖业大幅改善销售结构、

提高收入的重要方式，是使种植和养殖环节的经济效益从微笑曲线的低位（如图5-4所示）上升的有效路径，能提升种植户和养殖户的生产积极性。

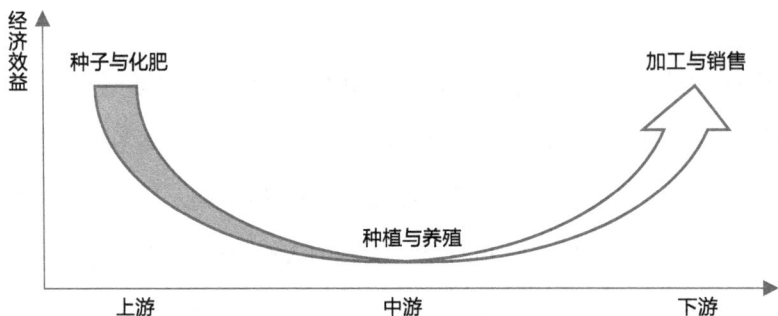

图5-4 农产品产业链的微笑曲线

要有效开发地方特色农产品，就必须要有相应的品牌建设与品牌保护体系和措施，而这些并不是一味地依靠提高档次来实现的，而是需要建设可闭环管理的产业链。建设这样的产业链需要满足以下条件。

①要建立标准，即地方特色农产品的分级标准。

②要有能让消费者信任、有保障的商业体系，要严格地执行标准。

③要具有从种植、采摘、收储、包装、防伪到销售等环节全封闭的管理体系。

以上条件，缺一不可，否则，依然无法改变地方特色农产品品牌被滥用、假冒、以次充好的状况，正宗的、具有特色的、市场口碑良好的农产品将被淹没。至于挖掘其商业价值则更无从谈起了。时间久了，甚至会让地方特色农产品失去多年积累的良好口碑。

2. 有标准可依，推进标准执行

要根据市场需求层次和产品层次，以符合消费者习惯的方式对标准进行分级；要根据具体的产品特点，进行独立的研究和设计，使标准更加科学合理，更加容易被市场所接受。

更重要的是，需要强有力、闭环的产业链来推动标准执行，让标准被市场广泛接受，逐步实现对地方特色农产品的开发和利用。标准与产业链相结合如图5-5所示。

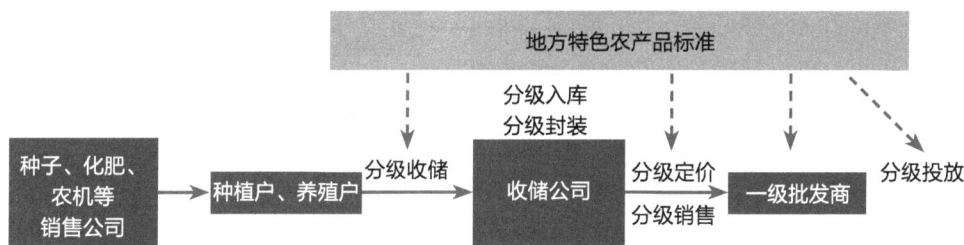

图5-5　标准与产业链相结合

执行标准不仅要面向市场，还需要按标准分层次、分价格进行收储。只有这样才能激励种植户和养殖户提高品质，品质越好收储时其获得的收入就越多；而按标准分层次、分价格收储也能对品质稍低的农产品提供对等的收储价格和对应的消费市场。这样既不会产生浪费，又能促进农产品的质量不断提升，让种植户及养殖户能从中受益，提升其生产积极性，逐步提高种植和养殖的水平，逐渐形成优质地方特色农产品品牌。

3. 用嵌入式供应链金融模式，加快开发的速度

一些已经建立标准的先行地区，在执行标准时，遇到的较大障碍是收储公司的执行能力不足，原因之一是流动资金不足。收储时现钱现付，一级批发商提货时也采用现钱现付，但从收储到销售是一个相对较长的过程，短则一个月，长则半年甚至一年（周期长短取决于保鲜的技术水平）。

因此，可以采用嵌入式供应链金融模式中的"代采"结构，专为地方特色

农产品的开发提供服务，如图 5-6 所示。

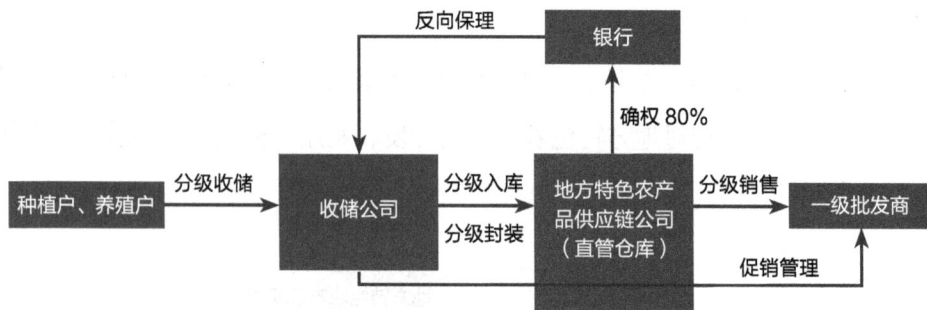

图 5-6　地方特色农产品"代采"结构

成立专为地方特色农产品服务的嵌入的供应链公司，这样不仅能大批量、规模化地引导银行资金进入地方特色农产品的产业链，减轻收储环节的资金压力，还能有效地推动标准的执行，统一货源；而且通过嵌入的供应链公司，可保证货源的溯源性、防伪性、验真性，有助于帮助地方特色农产品获得消费者信任。

收储公司按市场体系经营，获取市场收益，承担经营的风险；嵌入的供应链公司仅赚取存储及确权的收益，从而能最大限度地降低经营风险。

───── ● **小结** ● ─────

新农村建设领域众多，推动经济发展、提质增效是本质，而找到有效的金融工具是加快提质增效的关键。嵌入式供应链金融模式能够帮助地方政府找到推动农产品发展的有效着力点。

二、企业纾困，嵌入式供应链金融可以从外部救助涉困企业

并不是所有的涉困企业都要支持和救助，优胜劣汰、适者生存是社会进步和经济健康发展的自然法则（由于国际恶性竞争需要保护的企业除外）。研究通过供应链金融帮助困难企业渡过难关的方案，目的是帮助那些暂时遇到经营困难可能面临倒闭风险但仍有发展前景的企业存活、更容易发展，让其抗风险能力得到有效提升。

识别哪些是需要救助的企业，除看其业务是否符合国家重点发展及扶持的方向之外，较为直接、简单、有效的办法是看企业有没有订单。只要企业能够承接到真实有效的订单，就说明这家企业是符合社会需求的，就应该给予相应的支持。

至于暂时没有订单但被认定为比较优质的企业，该如何助其纾困，并不是基于业务本身能够判断的，需要使用别的办法和路径予以解决，而这不属于供应链金融的范畴。

企业纾困是对涉困企业的一种救助行为。一旦正常运转的企业涉困，即可通过嵌入式供应链金融及时地得到救助，防止问题恶化，避免企业倒闭而产生一系列的连锁反应。

救助企业时，使用供应链金融为企业提供流动资金，是极其重要的措施。只要企业能够继续存活，自身就会有求生的意愿，就会努力与纾困者形成合力，达成转危为安的目标。

有效的企业纾困能大幅提高中小企业的成活率，对积累社会财富和经验、保持创业动能是非常有价值的。

1. 建立嵌入式供应链金融结构，隔离企业与企业家的风险行为

从已知的突发事件来看，其中主要有两种涉及面较广泛的情况：一种是

地方企业的关联担保圈问题；另一种是"黑天鹅"事件，如出现大量企业需要复工复产。

企业纾困往往伴随着债务纠纷，所以，恢复正常的生产是第一要务。只要企业能继续产生利润，就能逐步地解决问题。纾困时须将企业的正常经营业绩和企业及企业家的债务进行隔离，分别处理。

只有利用嵌入式供应链金融结构隔离企业与企业家的风险行为，才能帮助企业有效地达成恢复生产的目标，否则，资金很可能会被企业家挪用，将问题转移给来解决问题的纾困者。

各省成立的纾困基金可以作为专项的引导基金，与地方联合投资共同组建专门的嵌入的供应链公司，搭建类"企业医院"系统。

由于基金采用的是一种投资型的资产运作方式，而供应链金融是一种债项型的资产运作结构，因此需要将两者有机结合，使其各自发挥作用。同时，需要对投资款和银行授信进行统一管理，成立能对基金和银行资金的安全负责的机构，该机构还需统一对各纾困的嵌入的供应链公司进行业务管理和风控管理。纾困型嵌入的供应链公司组织如图5-7所示。

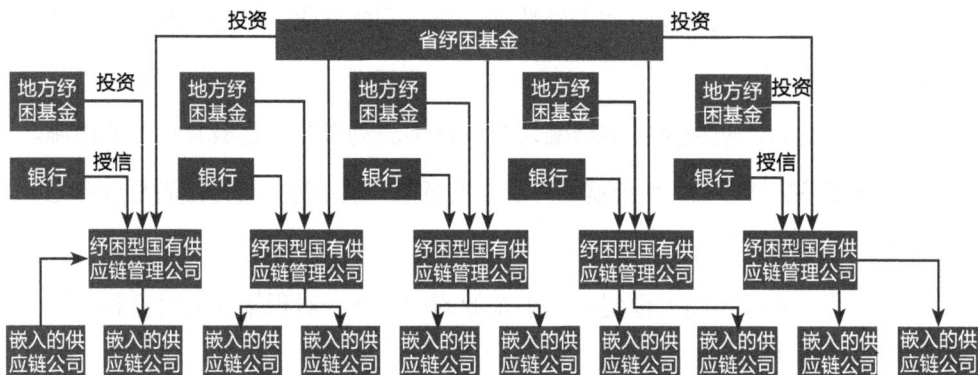

图5-7 纾困型嵌入的供应链公司组织

可成立专用的纾困型国有供应链管理公司，并在其下面为一些专项的业务或对象成立嵌入的供应链公司，其不仅是纾困基金的投资标的，也是银行的授信主体，还是分别设立的嵌入的供应链公司的管理主体；其可根据需要，动态地分配可用的银行授信额度。

图 5-7 所示的结构，既可以适应纾困基金的投资管理、收益管理与退出机制，也有助于银行明确授信主体和用信主体，更有利于使用一致性的结构进行企业纾困，还可同时应对数量较多的涉困企业，迅速开展帮扶。

纾困型嵌入的供应链公司并不只是短期救助企业，后续会持续对企业进行帮扶。在达成纾困目的后，并不一定需要中断对企业的帮扶，只要有订单，依然可以持续性地提供流动资金支持。因此，纾困型嵌入的供应链公司组织结构不会因利用率过低而闲置，它是一种可长期运转的结构。

2. 通过帮扶式纾困，救助未涉诉的涉困企业

未涉诉的涉困企业，账户没有被冻结，依然处于可以正常经营的状态，可采用"委托采购 + 代销"的嵌入式供应链金融进行纾困。

通过委托采购解决涉困企业采购生产资料资金不足的困难，在早期扶持阶段，甚至可采用不收取订金的方式，根据涉困企业的订单需求，完成资金占比较大的生产资料代采。涉困企业根据每天的实际用量，现钱现付提货并用于当天的生产，产成品可纳入嵌入的供应链公司的监管范围，借用确权的期限来控制库存周期可能产生的风险。

另外，将所有客户销售合同签约主体转换为嵌入的供应链公司，锁定和控制大客户的应收账款及中小客户的预付款，待完成订单交付、货物签收无误后，使用确权方式由银行通过反向保理将款项支付给涉困企业，涉困企业完成交付即可获得 80%~90% 的回款。资金压力过大的涉困企业，其预付款可用于周转。外围帮扶式纾困模式如图 5-8 所示。

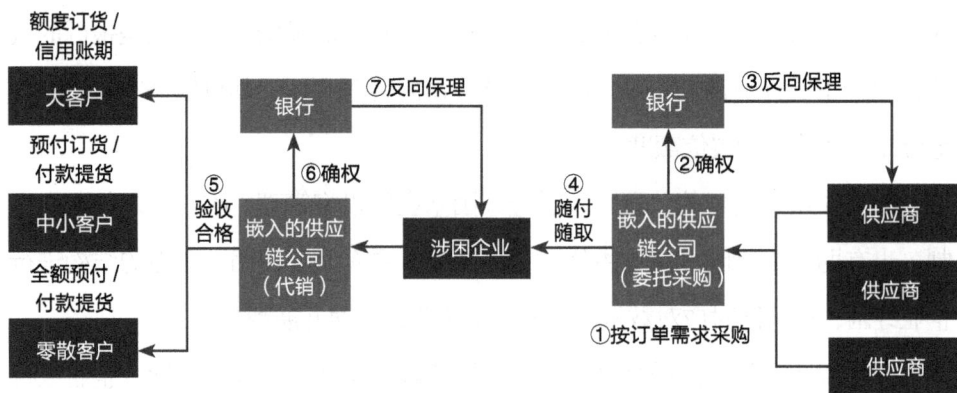

图 5-8　外围帮扶式纾困模式

从安全性、完整性、风控模式及业务结构的合理性来看，负责"代销"的嵌入的供应链公司与负责"委托采购"的嵌入的供应链公司，应是相互独立的。

在图 5-8 中，表面上看增加了两个环节，似乎增加了涉困企业的负担或者是产业链的负担。而测算后可以发现，实际是改变了涉困企业的流动资金结构，大大缩短了资金占用周期，大幅提高了资金的周转率和利用率，减少了涉困企业筹融资的成本，并不会增加产业链的成本，反而能提高交付保障度，有效管理订单风险。

在这个过程中，涉困企业从融不到资金、流动资金需求得不到满足，转为有资金保障业务正常开展。由此，涉困企业可以继续稳定生产，产生利润，向着好的方向发展。

3. 用隔离式纾困紧急救助涉诉企业

涉诉的成长型涉困企业（简称"涉诉企业"），多因关联担保而被拖入债务漩涡。恢复生产，让设备正常运转、工人正常工作、订单正常交付是涉诉企业的当务之急，其他债务问题可另行处理。

隔离式纾困，从结构上类似于"委托加工"的结构，但与"委托加工"的区别在于承接订单的市场工作及订单交付后所产生的主要利润，仍然是由涉诉企业运作及赚取的。开展企业纾困的嵌入的供应链公司，仅收取提供供应链金融的相关债权及物权的管理费，并不直接参与承接订单的市场工作，也不对赚不赚钱、有没有利润负责。隔离式纾困模式如图 5-9 所示。

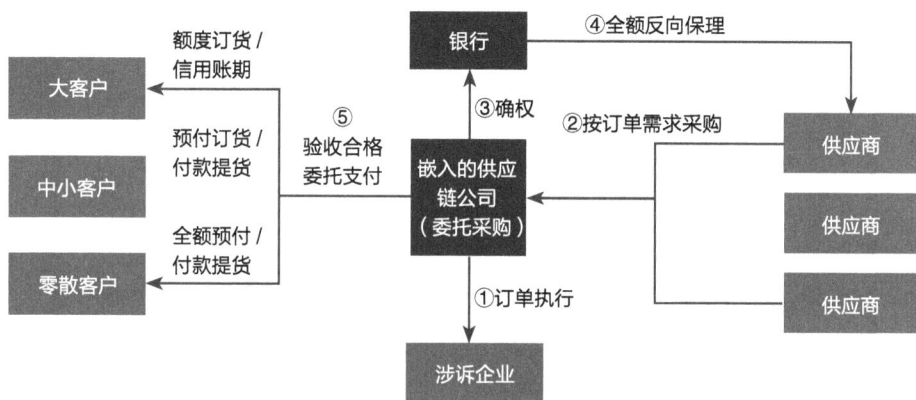

图 5-9　隔离式纾困模式

涉诉企业应积极主动地配合帮扶，需要将以往的订单转给嵌入的供应链公司，对上下游结构进行调整，而客户与涉诉企业的业务和技术关系，依然由涉诉企业经营和维护。

———— ● 小结 ● ————

成立专门从事企业纾困的嵌入的供应链公司，可研究出成熟的专用风控管理和运行流程，不管是从纾困资金的来源上和方式上，还是从对涉困企业的救助策略上，都可以进行专门的设计和研究。在企业纾困中，一旦遇到非常特殊的纾困情况，嵌入的供应链公司也能通过统一、专项地逐步建立特殊的处理结构来应对。

第三篇

● 业务风控与
信息技术

第三篇

风险控制，简称"风控"，是公司业务管理架构的核心组成部分。风控体系的安全性与业务的合理性、适配性是非常重要的研究标的，若能两者兼而有之，则既能控制可能发生的风险，又能有据可循地放开手脚开展工作。

信息技术是支撑现代业务体系的基础，风控系统、业务系统、关联系统、底层技术平台等，都需要有与之相匹配的信息技术提供支撑。

本篇主要围绕供应链金融的风控及相关信息系统和技术平台进行分析和探讨。

第六章
·

胜利之盾:
建立嵌入式供应链金融风控体系,释放生产力

知进退、有敬畏，可进退有度，在清晰确定的风险控制条件边界内快速前行。

第一节　业务风控模型——资金与业务的适配器

嵌入式供应链金融的风控体系，是由嵌入的供应链公司与银行分工协作，各自发挥优势，取长补短形成的一种独特的互补型组合式风控体系。它既能解决嵌入的供应链公司和银行各自解决不了的风险管理难题，又能通过产品结构让嵌入的供应链公司和银行相互促进、相互监督。

银行借助嵌入的供应链公司对债权和物权进行系统的、集中的管理。银行基于对嵌入的供应链公司的授信，输出标准的、确认的、有保障的债务信息，这些债务信息成为银行大规模开展供应链金融的基础。通过供应链环节，银行建立起企业金融的标准化要素，逐笔开展业务，降低了信贷风险，突破了产业链与银行之间的障碍，形成了金融支持实体产业的桥梁。

嵌入的供应链公司通过自身的管理服务，一边对真实有效的订单及回款、采购货物的货值进行管理，一边引入银行大规模、低成本的资金开展业务，支持实体产业发展，利用自身的管理优势和信用优势赚取收入；同时，通过向银行确认的期限和实际回款期限之间的期限差异，形成安全的风控结构，缓解刚性兑付的压力，同时将融资成本压力传导给供应商。更重要的是，引入银行等第三方金融机构，可以对业务、单据进行规范性、合规性控制，屏蔽信用缺失的供应商，防止嵌入的供应链公司与供应商开展业务时出现潜在的博弈风险。

核心企业通过嵌入式供应链金融，在不改变自身管理和财务结构的前提下，获得嵌入的供应链公司带来的增量信用资源，助力自身产业链的升级。核心企业引入嵌入的供应链公司对供应商的交付质量进行前置管理、集约式管理，可以向优质供应商集中采购，提高供应商质量，保障供应；同时可以将供应商的数量控制在合理范围内，优化供应链。因此，核心企业自然会认可嵌入的供应链公司提出的相关风控举措及对应的要求。

潜心谋求良性发展的供应商，通过嵌入式供应链金融模式，可以及时获得流动资金支持，大幅扩大订单规模，提高资金利用率，增加利润，从而加快发展。为使这一资金通道通畅运行，也为避免回款延时增加融资成本，供应商会倾尽全力保障供应链金融模式相应业务的正常开展，极力配合解决各种突发事件。

在嵌入式供应链金融模式中，多方共赢的环境、对等制约的关系、互助互补的结构、业务增量的激励、小金额高频次滚动运行的业务性质，是大幅降低风险事件发生概率的必要条件，当然，嵌入的供应链公司针对业务的风控进行建模也必不可少。

一、业务风控建模：三方参与的标准化风控

嵌入的供应链公司需要对产业链中运行不标准、边界不清晰、期限不确定、货值变动不可控等因素进行管理，输出标准、可控的金融信息，并提供给银行。相应地，其也承担了债权和物权的风险管理职责，需要针对债权和物权这两个核心要素分别建立相应的风控模型。

1. 债权类风控模型

基于债权的业务中，除常规的合同条款风险管理之外，嵌入的供应链公司可通过与供应方签订的采购合同进行风险转移，将不可调和的风险条款作为与供应方签订的采购合同的条款。在业务上，风险管理有两个角度：一是债权本身，二是债权能否按合同约定收回。

（1）严格保障债权的真实性、有效性及合法性

嵌入的供应链公司管理的债权，或者说拥有的债权，必须是在采购合同的基础上，经过采购方确认质量检验合格、对本次交易数量没有异议、确认收讫，明确完成交付后产生的应收账款。只有这种应收账款方能称为真实发生、确实拥有、合法有效的债权。供应货物的交付过程如图 6-1 所示。

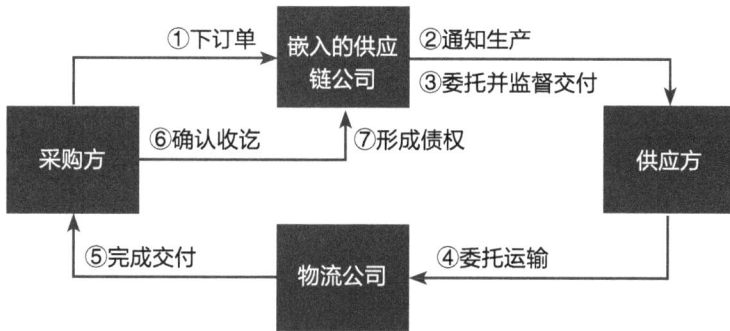

图 6-1　供应货物的交付过程

图 6-1 中，只有经采购方确认收讫，才能形成债权，其他环节的风险都由供应方承担。因此，对嵌入的供应链公司而言，最重要的就是环节⑥。其他环节产生的单据，需符合银行信贷要求，而这等于银行也对业务的真实性、有效性及合法性进行了外部的监督。

要严格保障债权的真实性、有效性及合法性，以下几个要素必不可少。

①实际采购方与合同中的采购主体一致，这必须由嵌入的供应链公司现场鉴定、留档。

②采购方须明确指定具备法律效力的授权签收人，并确认收货形式。

③采购方确认货物收讫时，须出具质检或质量验收证明，并对收货的数量进行确认。

（2）制定回款应对措施，这是行权的保障

嵌入的供应链公司确认拥有了债权后，即可通知供应方预开发票[①]（金额根据事先约定的比例及具体情况而定），使用银行后计息反向保理系统平台，向银行确认对供应方的应付账款，确认的时间要根据回款的时间而定，留足余地。

假设采购方支付的时间预计是3个月内，嵌入的供应链公司则向银行确认6~12个月的时间，预留3~9个月，用来防范中途出现回款问题。如果采购方正常支付，嵌入的供应链公司即可支付到银行指定的供应方监管账户，完成还款，被占用的授信额度即释放。

由于融资的利息由供应方承担，时间越长，融资成本就越高，另外，确实无法收回款项，供应方将承担所有的损失。所以，一旦出现回款超期，供应方会极力配合嵌入的供应链公司尽快解决问题。

只要业务及回款按合同约定正常滚动执行，就不用启动风险预案；一旦回款出现问题，嵌入的供应链公司即可启动相应的应对措施。不同行业的具体情况不尽相同，但大体的方式是类似的，这里举例说明。

①出现采购方履约超期，可即刻通知供应方协同开展催收工作，向采购方了解超期的原因和超期的周期，并获得采购方对超期的预期承诺，一般承诺的预期超期时间不可超过1个月。

②超过1个月或超过预期承诺期，即刻暂停向该采购方继续供货，暂停对供应商同等金额的其他业务的确权，将同等金额的回款暂时锁定，扣为代偿已经确权但出现回款问题的该笔业务应付金额的来源。同时，立刻启动业务部门与供应商的协同催收工作。

---

① 在嵌入式供应链金融模式中，由于供应方按笔进行供应，一个月可能有多笔订单，而采购方按月进行结算。供应方开具发票时按估算金额开具，须等采购方完成月度对账后才能确定金额，所以嵌入的供应链公司收到的是按估算金额预开的发票。嵌入的供应链公司需要汇集供应方各笔预开发票和根据月度金额的差额部分补开的发票，才能与嵌入的供应链公司按月开具给采购方的发票，完成进项和销项的核销（嵌入的供应链公司按笔进行确权，才能覆盖综合付款周期）。

③超过 2 个月或超过合理的承诺周期，可向采购方发送律师函，或启动法律程序，直至追回款项。同时，将该采购方超期支付的情况，通报给合作银行，银行可根据自身与采购方其他的信贷业务，审视后续与采购方的合作意愿及合作结构。

由于滚动开展业务，单笔发生的金额较小，在这样的处理应对措施下，采购方出现彻底违约拒付的可能性会非常小。即使有一笔坏账，也不会对供应方造成无法承受的损失。

如果采购方多次出现无故超期，说明其财务状况已经恶化，嵌入的供应链公司可选择停止与其合作，并且往往能在采购方财务状况还没有出现严重危机的时期停止后续合作，从而避免产生损失。通过这样的措施，能倒逼采购方严守自身的商业信用底线，避免累积大规模风险。

2. 物权类风控模型

基于物权的业务体系，核心在于受控、可管理的物权及其真实性。嵌入的供应链公司首先要避免货物脱管，防止货物被供应方、采购方或其他人员恶意调换；其次要防范市场价格变化导致的货值变动风险；最后要控制采购方（委托方）代采需求的合理性，避免借代采模式变相地处理供应方积压的滞销产品。嵌入的供应链公司可采用的风险管理方案如下。

（1）绝对受控的仓储环境

仓库是物权管理的核心，一旦失控将产生物权风险，历史上由于仓库失控产生物权风险的案例比比皆是。因此，理想方案是嵌入的供应链公司建立由自己全权管理的物联网仓库，或者委托具有信用保障、物联网设施齐全的仓储企业管理仓库。

（2）代采预付款

无论何种情况，采用代采模式的嵌入的供应链公司必须要收取至少 20% 的预付款（大规模代采也可采用履约保函）。收取预付款的目的首先是防止委托方虚报代采需求，其次是保证嵌入的供应链公司在委托方不提货的情况下，可以八折处置物权。

（3）补充预付款

嵌入的供应链公司不赚取库存期间物权涨价产生的溢价收益，同样也不承担物权跌价带来的贬值风险。所以，一旦出现货物贬值达到或接近10%的情况，嵌入的供应链公司即可要求委托方补充预付款，否则嵌入的供应链公司有权以九折或八折处置物权。这样既可以控制风险，也能够有效抑制委托方不切实际的代采需求。

（4）付款提货

付款提货是指委托方补齐尾款即可按需分批提货，直至代采货物提完。代采模式的本质是合并众多委托方同质化的需求，大规模批量化集中采购。代采模式可大幅降低采购价格，提高采购质量，减轻委托方的现金流压力，也可防止赊销带来的各种风险。

（5）滚动代采保证金

针对代采量比较大，采购非常频繁的个别委托方，嵌入的供应链公司可采用滚动代采保证金制度，即签订滚动的代采需求合同，要求个别委托方交纳10%的保证金，提货时全额付款，始终保留10%的保证金，作为货物贬值、不提货风险的代偿。滚动代采是针对高频次采购的委托方，按周期滚动执行代采的方案，而预付款制度是按批次代采的方案。

（6）库存损耗摊销

部分货物可能存在正常的库存损耗，由于嵌入的供应链公司提供代采是一种服务性的支持模式，不是主要以营利为目的的经营模式，有可能出现利润不能覆盖正常库损的风险。因此嵌入的供应链公司可根据具体货物情况，与委托方协商，建立定期的合理库存损耗摊销制度。

嵌入的供应链公司以支持实体经济发展为目的，其经营风险通过各种形式转移给了支持的企业，所以具有半公益性质。嵌入的供应链公司可类比担保公司的收费逻辑进行测算，在覆盖营运成本的同时，能够产生一定的盈利，使经营和管理嵌入的供应链公司的人员有一定的绩效保障，以保持开展业务的积极性和工作的动力。

开展基于债权的业务的嵌入的供应链公司没有承担融资成本，没有提供自有资金，没有承担较大的经营风险，没有提供大规模的固定资产（如仓库等），可收取年化利率为 2%~4% 的合同价差作为营业利润。

开展基于物权的业务的嵌入的供应链公司，可采用买方付息的后计息反向保理，使用银行的资金完成向原材料供应商的采购，其营运成本中包含了融资利息、仓库租金、营运费用等基本开支，代采价差需在此基础上计算。

二、对供应方"无追"的内在风控逻辑

"无追"反向保理指的是对供应方无追索权的反向保理，意思是提供了反向保理融资后，如果出现偿付风险，银行不对供应方进行任何形式的追索和追偿。通俗来说就是："这钱借给你，还不还得了都不找你。"这对银行和借款者而言，确实都有点儿匪夷所思。而这恰恰就是"无追"反向保理的本质，只有实现对供应方"无追"，才能取消要求供应方提供担保物的金融限制，从而解除对实体生产制造企业的信贷枷锁。

1. 追索的构成

在银行的一般性信贷中，每一笔信贷至少需要锁定两到三个有效的还款来

源作为保障，第一还款来源失效，就启动第二或第三还款来源，这种行为被称为追索。

（1）第一还款来源

第一还款来源指借款人具有的直接还款来源，或有充分保障的还款来源。

（2）第二还款来源

当第一还款来源出问题或失效，银行需要启动第二还款来源，以保证收回本息。第二还款来源大都是抵押物、质押物。第二还款来源往往是银行"能不能贷、能贷多少"的决定性因素。

（3）第三还款来源

当第二还款来源存在较难管理或较难处置的情况时，银行需设计第三还款来源作为保障。银行常用"融资性保函"或"担保物"予以解决。

设计追索结构是为了保障银行的信贷安全，如果取消了追索，就等于可以随便向银行借钱，而一旦还不了，银行就会蒙受巨额损失。而嵌入式供应链金融模式并不是要取消追索，而是换成一种更为有效的追索形式，从追索的本质出发，达成可追索的目的。

2. 转换追索方式，本质是代为追索

在嵌入式供应链金融模式中，并不是真的不向供应方追索，而是银行将反向保理中对供应方的追索权，转交给了嵌入的供应链公司，由嵌入的供应链公司来达成追索的目的。

嵌入的供应链公司通过嵌入产业链的交易环节，将债权和物权剥离成标准可管理的所有权，形成属于自己的债权和物权，这些债权和物权嵌入的供应链公司可以自行处置。这种追索方式更安全、更简单、更便利、更易操作，一旦第一还款来源出现异常状况，可以更有效地实现追索。

同时，嵌入的供应链公司通过期限管理，例如应收账款的期限是 3 个月，

向银行确认的期限是 1 年，以此避免直接锁定 3 个月的应收账款作为第一还款来源的刚性兑付风险，可防止大部分采购方支付延迟造成的短期、轻微的临时性调整风险。嵌入的供应链公司基于逐笔发生的业务，运用各种分级措施和与供应方的合同约束，保护自身。

银行锁定嵌入的供应链公司的回款作为第一还款来源，使用嵌入的供应链公司的信用敞口，作为银行的第二及第三还款来源，将对供应方的追索权交给了嵌入的供应链公司，开展对供应方"无追"的反向保理。

供应方不需要提供担保物，与嵌入的供应链公司合作，在产业链环节中将债权和物权委托给其进行规范化管理，仅凭稳定优质的业务和订单，就能获得用于开展业务的大规模、低成本、高效的流动资金，不用为回款周期的垫资问题头疼，不用为购买原材料的资金压力过大而周转不灵犯愁。如果还款来源出了问题，可以根据问题的大小分级进行处理。确权期限留有了余地，可以缓解刚性兑付的压力，可以应对各种变化。供应方即使有一笔订单有严重的问题，也可以与嵌入的供应链公司共同想办法解决，不至于造成对银行的违约。

3. 代为追索，并非担保性的或有负债

对供应方"无追"，意味着银行提供信贷的第一、第二和第三还款来源均来自嵌入的供应链公司，但这并非嵌入的供应链公司的融资行为，或为供应方提供融资担保的或有负债行为，原因如下。

①银行占用嵌入的供应链公司的信用给供应方提供融资，并不是嵌入的供应链公司的融资行为，不属于嵌入的供应链公司的银行负债，不需要在嵌入的供应链公司的融资表上登记。

②银行锁定嵌入的供应链公司确认一定会支付的应付账款作为第一还款来源，给供应方融资，并非锁定嵌入的供应链公司为供应方提供融资性担保，而是用嵌入的供应链公司自身的信用承担责任。

③嵌入的供应链公司向银行确认的是本来就存在的应付账款，银行凭信用和确认的应付账款，向供应方提供反向保理，嵌入的供应链公司不需要额外增加一笔或有负债。

④占用的信用的确是银行锁定的第二还款来源和第三还款来源，但并非以融资性保函的形式存在，而是针对单笔业务分割使用，逐笔承担相应的责任和义务，也不需要嵌入的供应链公司额外增加一笔或有负债。

对供应方"无追"的本质是嵌入的供应链公司使用自身的银行信用，向银行确认了一笔受控的、真实存在的、一定会支付的应付账款，银行基于这个可靠的还款来源，为供应方提供"无追"的反向保理。

因此，在嵌入式供应链金融模式中，不仅优化了以往银行只能依赖担保物的制度，还改变了传统的"追索"或"追偿"的信贷模式和结构。

将产业链中容易发生变化的、不太容易处置的债权和物权，剥离出来交由嵌入的供应链公司直接持有，进行管理和过滤，方便了嵌入的供应链公司有效行使追索权和追偿权，使流动性供给的金融成为基于纯信用的金融，不再需要依靠供应方提供担保物这类难管理、难处置的风险依凭。

4. 嵌入的供应链公司凭什么可以确认一定会支付

对供应方"无追"的反向保理，不禁令人质疑嵌入的供应链公司一定会支付的底气。银行的问题、供应方的问题确实都解决了，那是否就将矛盾都转移给了嵌入的供应链公司？

其实，这并不是在转移矛盾，而是有效地化解了矛盾。因为供应方并不是没有受到任何约束，而是将以往银行要求的不容易处置的追索条件，直接交给嵌入的供应链公司进行管理。

嵌入的供应链公司嵌入交易环节，通过交易合同直接获得债权和物权后，利用合同约束、风控预案和协同配合，能非常有效地实现追索，完成对产业链、供应链业务中风险要素的管理，达到追索目的。

嵌入的供应链公司之所以敢于向银行确认一定会支付，原因如下。

①嵌入的供应链公司与供应方的合作是长期性的、互惠互利的，能大幅度减少嵌入的供应链公司的短期行为。

②嵌入的供应链公司基于单笔业务逐笔开展周期性和长期性的业务，一旦供应方发生问题，可立即暂停对该供应方业务的确权，以防止问题进一步扩大。

③嵌入的供应链公司向银行确认的周期中，已经包含了解决问题的周期。其中解决问题的压力，通过银行利息随着不断延长的周期传递给了供应方，供应方迫于压力会尽快配合解决问题。

④对单笔发生的极个别、极特殊的问题，供应方为保证其他业务能持续地开展，会自愿在确认到期前先行垫付该笔资金，以避免嵌入的供应链公司违约。

⑤采购方因为嵌入的供应链公司在供应方面提供了大量的增量信用支持，受益良多，会尽可能避免嵌入的供应链公司产生损失。

⑥嵌入的供应链公司直接拥有了债权，也就是有权直接对债务方进行维权和追索，而银行只能间接追偿。

⑦嵌入的供应链公司直接拥有物权，也就是有权直接变卖货物。一旦预付款出现问题，嵌入的供应链公司可直接转卖和处置问题资产，避免蒙受损失，而银行只能间接处置。

这些因素叠加，保证了嵌入的供应链公司不仅直接拥有债权和物权，还因为符合各相关合作方的利益诉求，能获得各相关合作方的支持。

更重要的是，在整个业务模式中，嵌入的供应链公司没有赚取超额的不合理利润，没有侵占和夺取别人的业务，其充当桥梁、提供便利，给银行、供应方和产业链上的核心企业均带来了价值，造福于各相关合作方。因此，获益的各相关合作方自然会极力配合，保护"桥梁"的信用不受侵害和损失，保障"桥梁"正常运转，支持"桥梁"获得银行更多的授信额度，扩大合作的空间和规模。这便是保障嵌入的供应链公司不易产生风险，各方合作共赢的内在逻辑。

———— • 小结 • ————

银行引入嵌入的供应链公司，比引入担保公司更能有效地管理风险，更能有效地实现追偿。银行通过嵌入的供应链公司将产业链中很难管理的风险依凭进行了标准化的管理，将基于担保物向下的信贷体系，调整为基于纯信用的信贷体系。银行不需要生产制造企业提供担保物，就能向广大的生产制造企业提供大规模、不间断、滚动发生、有安全保障的"无追"反向保理，从而打开了金融回归实体经济的大门。

第二节　构建风控系统，让风控自动化

随着业务逐渐稳定，在完成业务流程的规范化建模之后，嵌入的供应链公司就可以建立专用的风控系统，为后续大批量、高频次、多客户、跨地域的业务提供系统的保障和支撑。

风控系统与业务系统是有一定区别的，风控系统在对业务进行管理时，更加看重如何对可能出现风险的关键环节进行有效的控制。同时，为建立有效的风险防范机制，需要配套相应的管理流程，这与业务系统是存在一定差异的。两者的基础都是对经营的管理和对业务的管理，只是角度不同，当然，最佳方案是将两者进行融合，如案例 6-1 所示。

企业资金支付漏洞的风控管理逻辑

企业支付管理中，十分容易出问题的是资金的支付流程，虽然有各种制度的保障，但只要会计或出纳可以通过银行的网银或柜面填写单据，就有可能出现填写金额错误等人为风险。很多企业都曾经发生过财务被骗、出纳填写的金额错误等严重问题。

为此，银行提供了银企直联的系统接口，企业可建立多银行的资金系统，与各银行直接进行系统级的连接，建立全封闭的资金支付通道。另外，企业可在内部建立资金系统与 OA（办公自动化）系统或 ERP系统的后台连接，同时，关闭其他对外支付路径。

这就意味着，企业在对外支付时，只有通过业务系统中的业务经办，在发起业务审批时才能填写金额，经业务审批、分管领导审批、财务审批等，层层把关、多次确认之后，由系统连接的银行接口发起支付。其中，包括会计和出纳在内的所有中间环节，只要不是业务经办发起的，均没有填写金额的权限，填错后需要重新填写、重新审核。除此之外，没有其他路径可以对外支付。

如此，软件系统和管理流程相结合，就能杜绝在资金支付领域的脱管风险，达成控制支付风险的目的。再根据公司级和集团级的实际管理逻辑，便可建立和设计整体的针对资金支付管理的系统。

一、支撑大规模业务的前提：建设风控系统

针对债权类和物权类不同的嵌入式供应链金融模式，风控管理的结构会有一定的差别，需有针对性地建立相应的风控系统。

1. 风控系统的关键点

在嵌入式供应链金融模式中，嵌入的供应链公司在开展业务时，风险管理主要包含外部风险管理和内部风险管理两大类，可能的风险包括法务风险、客户变化风险、业务关键环节风险、产业链税务风险、人为错漏风险、资金风险等。

（1）法务风险

法务风险主要集中在用章管理与合同风控管理两个环节。毋庸置疑，这两个环节是非常重要的基础管理环节，可以通过信息化、电子化优化管理。

①用章管理优化。

随着技术的发展，传统的用章管理确实存在较大的问题和风险隐患。同时，为了保障用章安全，所有企业都建立了严格的用章管理制度。但在面对高频次发生的业务、银行需要面签的业务时，会发生严重的矛盾和管理冲突，使传统的用章管理方式出现很多不适应的情形。企业可尝试使用银行提供的电子签章与银行开展业务，将传统用章体系和金融业务体系区别对待，逐渐适应商业及金融的电子签章法务环境。

②合同风控管理优化。

经过企业法务推敲和积累，企业会逐渐形成统一制式的合同模板。传统纸质合同是通过统一印刷的方式来控制合同模板不被篡改的，缺点是没法根据客户情况进行合理的微调，企业在经济活动中过于强势，容易失去商机。

企业可建立"电子身份＋电子签名＋电子签章"相结合的法务管理和法律意

愿表达。法务流程参与人基于电子身份，使用电子签名锁定不同时间版本的待审合同，锁定电子文档在使用过程中的各环节不被篡改，各方达成一致后，最终使用企业的电子签章实现会签，使电子文档在涉及对外的法务表达时更加安全。

（2）客户变化风险

客户变化风险主要包括客户突然出现重要的人员变动、经营变动、负面舆情等。企业应及时根据影响程度采取相应的应对措施，避免造成损失。

目前，市面上已经有众多的舆情信息平台，企业的风控系统可建立相应接口，在开展业务前和开展业务中，随时洞察客户的舆情变化。另外，企业可以根据与各个客户的合作及收付结算数据进行统计分析，不断跟进客户的履约状况及其变化，设立关键预警提示，通过一线长期往来的业务数据，实现动态评级和动态跟踪管理。

（3）业务关键环节风险

梳理业务环节中与风险息息相关的关键因素，如单据的真实性、价格波动情况、在途货物情况、库存管理情况等，分析可能产生风险的因素，设计相应的风险控制方案，最终形成系统的监督管理，严格控制关键环节，避免风险发生。

（4）产业链税务风险

产业链税务风险的防范并不完全依靠单一交易环节的风险控制。企业需主动应用电子发票系统，以减少在产业链上某个交易环节可能形成的风险。

（5）人为错漏风险

对于所有的单据流，严控二次录入的可能性，企业能尽可能避免错误。同时，对相关的所有数据需建立起一一对应的关系，避免由于数据错漏或张冠李戴产生损失。

（6）资金风险

企业与银行系统相互配合，建立起闭环的资金及头寸管理体系，并通过业务结构和账户结构设计，使资金实现封闭运行；另外，需配套设计相应的资金用途管理、期限管理、对外履约管理、信用额度管理等制度。

2. 债权类业务的关键风控要素

在债权类业务中，关键风控要素是采购方确认收货的真实性及合法有效性。只有确保这一点，债权才能成立，而有可能作假的也是这一关键环节，因此不能留有管理漏洞。

在建设风控系统时，应充分结合关键风控要素，设计相应的风控流程。例如开发一个专用的货物签收 App，请采购方的授权人配合，除使用传统签收流程外，再使用 App 通过面部识别等在线确认签收。

另外，在与供应方的采购合同中，需将与采购方的供货合同中，所有对已方不利的合同及法务风险转移给供应方，同时还需增加一些有利于保护自身的法务条款。

3. 物权类业务的关键风控要素

物权类业务的关键风控要素相对债权类业务要多一些，且涉及很多仓库存货的职责、库存处置的职责等，除刚性成本之外，其收费自然也要比债权类业务高一些。

（1）通过预付款控制代采需求的合理性

流动资金供给的支持和服务，一定要区别于单纯的企业扶持和救济，预付款是有效控制代采需求合理性的关键。需要防范委托方和经销商串通倾销积压库存的严重风险。

（2）代采货物的可处置性、易处置性很重要

货物的可处置性和易处置性是开展业务的基础。例如，某经销商将淘汰的、过时的、滞销的大品牌空调，以低价卖给嵌入的供应链公司，约定 6 个月后加

息赎回（买回），以置换现金流；嵌入的供应链公司认为有货物在自己的仓库里很安全。然而，经销商再也没来赎回（买回），而货物也卖不掉，嵌入的供应链公司承受了非常严重的损失。

（3）价格波动时必须严格执行补充预付款制度

一旦库存货物产生巨大的价格波动，价格下跌已经达到预付款的一半，就需立刻限期执行补充预付款制度。如果委托方拒绝或未在限期内补充预付款，将强制没收预付款，并将货物打八折变卖。

坚持强制执行补充预付款制度，才能有效地将价格波动的风险转移给委托方。委托方在享受了低价采购服务，利用嵌入的供应链公司的信用额度以 20% 的预付款赚取了货物涨价的收益时，同样也应承受价格下跌带来的所有风险。

唯有严格执行补充预付款制度，才能确保嵌入的供应链公司不承受货物的市场价格波动风险，仅起到支持实体经济的作用。

（4）仓库管理是重中之重

货物被调换、被损坏，获得赔偿是非常困难的。因此，仓库管理是物权类业务非常重要的环节，嵌入的供应链公司宜自己管理仓库。

—— • 小结 • ——

做好风险管理是嵌入的供应链公司正常、健康、良性运转的前提，嵌入的供应链公司既然承担了补齐银行风控短板的职能，自然需要建设风控系统，居安思危，并不断升级风控系统，防患于未然，尽可能杜绝风险事件的产生。

二、企业公共信息服务平台服务供应链、支撑产业链

嵌入的供应链公司除了要做好内部的风控系统建设，还需逐步建设公共的风控支撑系统、信息服务系统和功能保障系统，整合提供各种针对其服务所需的各领域专用大数据信息。公共信息服务平台与内部风控系统关系拓扑图如图6-2所示。

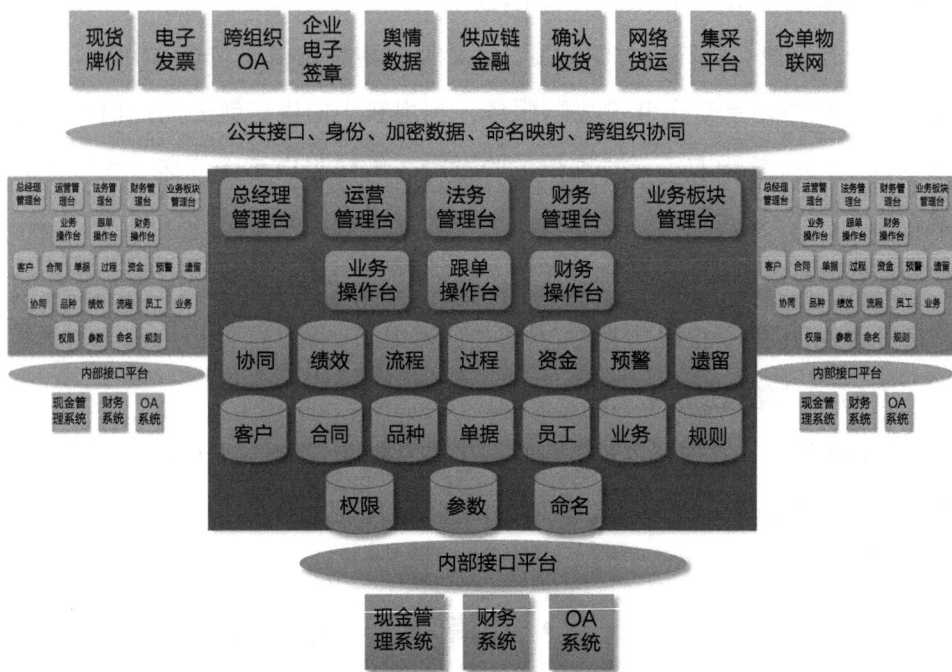

图6-2　公共信息服务平台与内部风控系统关系拓扑图

嵌入的供应链公司在开展业务的时候，需要很多的外部信息，随着业务的发展，可逐步收集和积累这些信息，以提供整合性的公共服务。

1. 现货牌价

目前国内的现货牌价品类繁多且非常分散，不同区域和不同交割地的价格，

由于运距成本存在较大的差异，加之信息庞杂、渠道众多，不易查找及管理，产业链相关方应建立公共信息服务平台以提供信息支撑。企业根据自身的业务需要，选择常用的信息。

2. 电子发票

提供电子发票服务的企业有很多，不同企业的服务领域、范围、深度，数据及时性及与税务系统的后台对接方式均有不同，存在零散的类商业化发展模式，不利于电子发票在产业链上的普及。可通过公共信息服务平台提供各种电子发票的服务，以嵌入的供应链公司作为突破点，推广应用，帮助产业链上各相关企业快速地对接相关服务。

3. 跨组织 OA

企业与企业之间的业务流程对接与信息互动，除沟通便利外，如果能够建立带有企业级电子签名信息的交互方式，将更安全。企业间的交互，除像签订合同这类沟通外，在业务运转中还有岗位互动，但这些沟通并不是普通的、随意的沟通，而是企业间经济活动的交互，需要建立特殊的沟通环境。另外，企业行为的表达，除岗位授权表达之外，还需要根据事务的重要性，建立不同岗位级别参与的企业意愿表达流程，包括日常业务交流（如问询）、关键环节确认（如下订单和签收）、带有企业法律意愿的信息（如报价信息）确认等，最终形成企业信用和企业行为的表达结构。

在互联网及信息技术高度发达、迅速发展的当下，基于线上沟通开展的信息交互和经济活动，需要建立特殊的沟通及表达渠道，以保障其真实性、有效性、合法性。

4. 企业电子签章

传统的代表企业意愿且具备法律效力的，通常是物理形态的公章，这大大限制了企业进行高频次的意愿表达。

另外，传统的公章也较容易伪造，存在极难控制的风险漏洞，使得在法律支持下的企业信用难以真正得到维护与保障，企业需要建立更加高效、便捷、安全、可控的企业电子签章环境。而银行在开展供应链金融时，较难解决的问题也是确认企业的法律意愿表达，特别是对于供应链金融这样高频次发生的金融活动，需求更加迫切。如果每家银行都有一套自己的电子签章系统，那么很难普及，所以需要建立银行能够互认的企业电子签章平台。

5. 舆情数据

企业进行长期的商务活动，需要及时获取合作伙伴的舆情信息，以便自己能够及时地采取相应的措施。目前提供这方面服务的企业有很多，不同企业的数据深度、广度、及时性，信息价值与收费服务等级存在差别，甚至每家银行也有自己花巨资建设和独立维护的舆情数据库。

另外，所有企业都希望更及时地获得更多、更深入、更早期的数据，让舆情数据更有价值，而目前这些数据只能通过一些公开性的数据分析获得。如果经济活动中的企业舆情数据越优质、越深入，那么企业对企业信用的维护压力就越大，舆情数据对加强企业的信用建设就越有价值，就能够成为经济活动中的监督工具和守信企业挖掘信用价值的工具。

例如针对采购方付款信用，嵌入的供应链公司将实时的企业守信状况及信息提供给舆情数据库，并且可以获得其他嵌入的供应链公司提供的舆情数据。同时，银行也是舆情数据的贡献者与使用者，可以与企业一起维护和使用舆情数据。

6. 供应链金融

目前每家银行的供应链金融系统都是独立的，并在流程、要求、执行标准和管理要件的格式等方面有所差别，这造成嵌入的供应链公司与多家银行同时开展业务合作时，操作上非常困难。嵌入的供应链公司可在公共信息服务平台中，建立专门与各银行供应链金融系统对接的统一接口，实现集中性的管理与维护，形成专用的供应链金融支撑。

建立专用的多银行供应链金融系统接口，可不断地促进各银行供应链金融系统的进步，不断提高各银行供应链金融系统的标准化建设，提高产品服务质量，提高操作的便利性和系统的执行效率。

7. 确认收货

有很多大型集团建立了统一的对外收货确认窗口，专门发布已经确认收讫的货物信息。也有一部分企业通过授权采购部门的某个员工，让其承担确认收货的职责。在公共信息服务平台中可对各采购方的确认收货环节进行整合管理，统一输出专用于确认收货的服务，使业务运行更加规范。

8. 网络货运

提供多式联运服务的物流公司，可通过公共信息服务平台与产业链对接，提供物流运输服务，建立与供应方或采购方长期合作的信息交互系统；也可以嵌入专门服务于物流运输业的嵌入的供应链公司，解决客户结算运输费用与物流公司结算油费、过路费等货运费用之间的现金流缺口问题。

9. 集采平台

集采平台是目前企业招采行为的执行平台，有内部的集采平台，也有外部的集采平台。企业通过建立对接的窗口，可以及时获取相应的信息，维护执行的过程数据，将采购流程进行数据化打通，使业务的数据描述更加丰富，建立起可定义、可追溯、可查询、可跟踪的合同管理和合作伙伴管理数据体系。

10. 仓单物联网

无论是内部直属的仓库还是外部委托的仓库，企业开展业务都需要建立直通的接口，将仓库管理系统与业务系统打通，形成直通的处理结构，以降低错误率，减少业务运行的风险，减少信息孤岛，实现企业业务管理的互联互通。

———— • 小结 • ————

企业经营活动中的沟通与信息交互，内部大都使用 OA 系统解决，而外部的跨组织沟通，需要建立带个人级和企业级电子签名的交流平台，用于涉及不可抵赖的岗位表达和企业表达的沟通场景。这一跨组织沟通平台适用的场景很多，企业可利用嵌入式供应链金融模式的推广过程，推动跨组织沟通平台的建设。

企业信息化建设和数字化升级都是为了提高效率、降低成本、减少错误、提高信息的价值，底层环境的建设是非常重要的。在打通各系统的方式中，较为有效的就是基于业务场景和需求场景的方式。企业运行中积累的大量有价值的数据，成为企业数字化升级的重要依托。

第七章
·

科技托底:
供应链金融的数字化畅想

理想模式下获取数据的渠道应使数据取之不尽、用之不竭，获取成本趋近于零，否则就会导致拼命花钱才会有数据，不花钱就没有数据的情况。没有数据的积累，没有最新的数据，之前付出的努力便会付之东流，这样的数字化模式是无法持续的。

数据来源渠道设计得好，不用花钱就能持续产生数据；数据获取模式设计得好，数据就能在授权范围内被充分使用；数据结构设计得好，获取的就是有价值的最新数据。以上这些都是数据建设者应该深思熟虑的问题，如果只立足于如何依靠数据赚钱，数字经济将会很难持续。数字经济的出发点应该是有效地利用数据，挖掘数据的价值，而不是将数据变成牟利的商品。

第一节 企业级数字化的基石
——电子签章与履约信用

"科技金融"是利用科技的手段推动金融不断地普及和进步，往往立足于非金融场景。而"金融科技"是金融业利用高速发展的科技手段，结合传统金融创造出更多的应用场景，其往往立足于金融场景。

金融科技的主战场是对公业务领域，通过创新的金融模型解决企业级的金融诉求和困境；而科技金融的主战场则是对私业务领域，用科技手段积累大量的数据，拓展对私业务的金融场景。

这两者有不同的目标和应用对象，中间地带则是小微企业和个体经济。

企业金融的数字化建设具有广阔的空间，其中至少需要两个基础：银行共认的不可抵赖的企业级实名制和有效可靠的企业履约信用，否则在技术进步和手段升级的推动下，企业数字化建设可能失去意义，并为企业埋下造假的空间和漏洞，从而造成无法估量的损失，甚至违背数字化改革的初衷。

一、对公金融数字化的基础——电子实名制＋电子法务

对私互联网的应用与发展可分为两个不同的阶段：信息交互阶段和具备个人身份识别功能的阶段。前者带来了信息爆炸，后者则催生了 B2C（企业对用户）和 C2C（用户对用户）的电子商务模式。

对公互联网的第一阶段是企业门户网站，第二阶段则升级到具备企业级实名制电子身份识别功能的企业互联网，而且银行等金融机构、协会组织能够共认其身份识别的可靠性。企业在对外的信息交互和线上金融业务中，要能证明身份的可靠性和有效性，意愿表达的真实性和不可抵赖性，否则，B2B 的电子商务将很难开展。

例如，企业通过登报或在官媒发表公开信，社会才能有效判定是这家企业发出的声音，以此来避免造假风险。同样的，如何确定线上签订合同的企业盖的章一定是真的，不是假的？银行需要通过可靠权威的途径来确认企业盖章的真实有效性，合同与交易得不到银行认可，意味着企业将得不到银行的金融支持。

能够使企业在线开展业务交互的互联网，其底层要求是企业在互联网上用具有唯一性且不可抵赖的合法身份进行表达。能够让银行在线开展金融业务的对公互联网，底层要求是对该企业的互联网身份，银行通过自己的风控系统有能力识别其是否是唯一合法且不可抵赖的。因此，对公互联网需要有银行能够共同认可的企业级电子签名，在线进行可识别的、不可抵赖的企业意愿表达，这些才是对公互联网真正的突破口。

电子签名是数据电文中以电子形式所包含的，用于识别签名者身份并表明签名者认可其中内容的数据。其作用是可以对电子文本进行一对一的电子确认。目前其已被广泛应用于各种互联网点对点的电子通信领域，并已形成完整健全的技术、法务、证据的运行环境。

一些图形化的签章或签名，是将公章或个人的手写体签名变成一种图片的形式，插入电子文档，这么做只是为了方便打印。它是传统公章或个人手写体签名的一种延伸，本质还是图片，很难作为一种有效的确权依据。这种图形化的签章或签名（统称为"PDF签章或签名"）与文档的具体内容没有一对一的关联性，没有与文档一对一绑定，没有解决防伪造、抵赖等传统问题。PDF签章或签名并不是真正意义上的电子签名，仅是电子化的图片，不具备安全的身份识别和不可抵赖的辨识功能。

赋予电子签名就是完成签名与文档的一对一绑定。完成签名绑定后，该电子文档就不能有任何形式的修改或调整，一旦有改变，哪怕只是加了一个空格，也不能与之前赋予的电子签名完成一对一的验证。这意味着，一份电子文档会有一个专用的电子签名，每一个电子签名都是不一样的，但是可以通过算法确认签名的人是否用的是同一个专用的硬件"USB Key"（简称"U-Key"或"U盾"）。

这样的电子签名与文档的绑定机制，可以保证后续使用的电子文档没有改动过，并可以验证该电子文档就是当时获得签名确认的电子文档，这个过程被称为"通过验签"。电子签名的过程如图7-1所示。

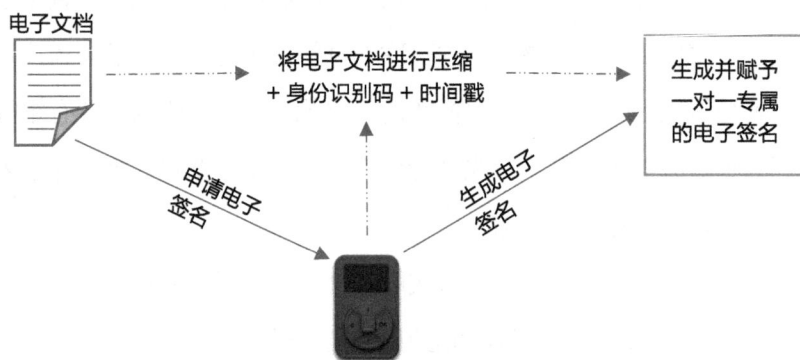

图7-1　电子签名的过程

生成的专属电子签名由三个部分组成：

①签名生成器（U盾）使用内置的加密算法，对该电子文档进行二进制压缩产生的数据；

②签名者的身份识别码（公钥）；

③签名时，向签名系统申请并由签名系统提供的时间（时间戳）。

这三个部分组成的电子签名具有一旦确认将不可修改的特性，是在特定的时间、针对特定的电子文档、由特定的签名者进行的不可抵赖的签名。

1. 电子签名的底层支持环境

支撑和保障电子签名正常运行的底层支持环境由三个体系构成，分别是电子签名的运营体系、技术环境和法律环境。运营体系是一种分工合作的组织结构，可以保障电子签名的公正性；技术环境基于一种非对称加密算法，可以保障电子签名的安全性；法律环境可以保障电子签名的合法有效性。各个国家的运营体系、法律环境都是类似的，但技术环境（使用的非对称加密算法）是不一样的，没办法互通互认。

（1）运营体系

运营体系是由CA（认证中心）和RA（注册中心）组成的。CA是签名者身份证书和算法的提供者，RA是将身份证书与具体的身份建立绑定关系的执行者。

签名者想要获得签名资格，需要事先由RA使用CA提供的证书，与签名者建立起绑定关系，并将此关系在CA备案，这样签名者才能拥有签名时需要使用的签名器及相应的证书。各签名者与对应证书的绑定关系数据由RA保管，记录签名证书与签名者绑定关系的数据库称为"签名者数据库"，亦称为"签名验签库"。

CA有众多合作的RA，RA各自独立运行，一般都各自维护签名者数据库。这里以常见的网银 U 盾为例，以帮助读者理解电子签名的运营体系（见案例 7-1）。

案例 7-1

网银中的身份识别系统

我国网银系统中，用于用户身份识别的电子签名系统，除中国工商银行和招商银行使用自己的 CA 体系之外，其他银行都采用 CFCA（中国金融认证中心）提供的证书。CFCA 就属于 CA；各银行是其合作的 RA；从各银行获得网银证书的用户，就是经银行鉴定认可并完成身份绑定的合格签名者；这些经过身份鉴定并完成绑定的合格签名者，就是银行重要的客户资源。

这意味着，虽然使用的都是 CFCA 提供的证书，但每家银行的签名验签库都是该行的重要资产，是其不愿意公开的商业秘密。因此，与多家银行有业务往来的客户，就会有很多的 U 盾，不同的银行就需要有不同的 U 盾和对应的证书。

从网银的 CA 与 RA 体系中，其实不难看出目前的电子签名技术实际应用的现状是割裂的，形成了相对独立的场景。几乎一个场景就是一个 RA 在运行和维护，非常分散。

（2）技术环境

简单来说，技术环境是基于一种点对点、一对一的非对称加密算法——椭圆曲线加密算法构建的。

每个 CA 都只对自己的加密算法和保密结构负责，这是 CA 能够保证其公正性、体系不被攻击、签名不被篡改的根本所在。底层算法要遵循国家规定的加密算法（简称"国密"）要求。

为保证签名环境的安全性，CA 提供的证书是由一组相互绑定的"密码对"组成的，分为"公钥"和"私钥"。在进行电子签名时，执行签名的是私钥，提供验签的是公钥。

公钥是可以对外公开的，但一般都由 RA 保存，不对外开放，成为 RA 的私有财产。私钥是不能泄露的，需要签名者自行保管。

将私钥安装在 U 盾中的称为"硬 Key"或"硬证书"，将私钥放在计算机软件中或托管在网络平台上的称为"软 Key"或"软证书"。

仍以银行 U 盾为例。CFCA 提供证书和技术的保障，银行购买符合技术要求的 USB Key（空 Key），在用户申请证书时，银行（RA）完成对用户的身份鉴定（简称"发 Key"），然后向 CFCA 申请证书（简称"制 Key"）。

CFCA 提供的证书是由两份相互绑定的证书组成的，分别是 A 证书（公钥）和 B 证书（私钥）。A 证书提供给银行（RA）进行实名制绑定并保存，用于今后的电子验签（发 Key 过程）。B 证书（私钥）写入 USB Key 中，俗称"烧Key"（制 Key 过程）。

B 证书（私钥）是不对外界公开的，属于用户专属的私密证书，这意味着私钥一旦被盗用，盗用者将会在电子世界中代替用户行使权利。因此，像银行资金结算这样非常重要的电子指令授权，是基于物理介质、可以设置密码的USB Key 来保障用户安全的。而一些不是非常重要的领域，为了方便，常常使用安全等级较弱的"软证书"托管结构。

（3）法律环境

从法律方面来看，我国已经颁布了《中华人民共和国电子签名法》（简称《电子签名法》），其中明确规定了电子签名与公章具备同等法律效力。电子签名在法律层面上形成了基本的法律结构，并且部分地区还成立了专业的互联网法院。这些构成了电子签名得以推广、应用的重要基础。

但是，法院只是受理和评判机构，基于《电子签名法》所规定的法律结构和技术条件要求，评判电子证据的合法性、有效性，最终对受理案件进行裁决，并不具备产生证据、保存证据、出示证据、鉴定证据的责任和义务。另外，并不是所有的电子证据都会诉诸法律，只要没有产生纠纷，就不需要动用法律。因此，正常运行的电子签名系统需要有安全产生证据的过程，提供保存证据和下载证据的硬件存储、配合出示和配合鉴定证据的服务等，才能营造完整、独立的电子签名运行环境。

对于不同的电子签名环境，可基于不同的对公应用场景，进行合法有效、不可抵赖的电子签名确认，例如招投标询价及报价、在线电子合同签约、企业公告平台等。可以选择不同的发 Key、制 Key 体系，也可以选择同一个发 Key、制 Key 体系。

在 RA 完成发 Key（身份鉴定）、制 Key（申请证书）之后，需要选择或建立相应的签名环境、保存环境和电子证据备案环境。

①电子证据的产生。

使用电子签章进行电子签名产生电子证据的系统，称为"电子签约环境"。目前采用的方式基本都是 RA 发 Key、制 Key，同时也提供电子签约环境。

另外，众多的招投标公司提供的也是在自己的环境中使用的电子签名，包括众多大型集团自金融建设的电子签名系统，也仅在相关的企业中使用。

以上这些电子签约环境都是相互独立运行、互不相认的。更重要的是，所有的银行都不认这些各自独立运行的非银电子签名及签约环境。因为，所有非银的 RA，几乎都没有针对银行对公业务的法务风控要求，没有针对性的运营及运行结构。

这些专业提供电子签名的平台公司，由于长期开展的是非银行类的电子签名业务，在签约安全性、运营环境保障、风险控制环境、用户安全性保障、法律证据链环境保障等方面，有很多不符合银行风控要求的内容，并积累了大量银行根本无法信任的持 Key 用户，而这些 Key 还有很大一部分是虚拟 Key（B 证书托管在平台），这让银行对于电子确权的不可抵赖性产生担忧。因此，需要有一个针对银行风控要求提供 RA 服务的第三方签约平台。

市场监督管理部门虽然给部分新注册的企业提供了企业电子签名 Key，但由于其缺乏推广实名制电子签名的职责和办法，且没有相应的应用场景配合，也没有提供产生证据的签约平台和证据保存、证据鉴定和法务鉴别等环境支持，这套企业电子签名 Key 很难得到普及及应用。

②电子证据的保存。

使用电子签名进行电子确权或电子签约后，电子文档和生成的电子签名需要妥善地保管和保存，不仅作为后续开展业务的基础和保障，随时支持业务相关方验证后查看原文档，同时也是产生纠纷需要验证后查阅的凭据。因此，采用电子签名的电子证据的保存及其运行环境，是一个高频使用、对合同相关者开放及授权开放的存储环境。

需要出示内容时，只有通过验签的电子文档才是有效文档。因此，各电子证据及电子合同的持有人、相关人，均可独立备份、独自保管，亦可在线托管，不会因此而产生错漏和丢失。

③电子证据的备案。

为提高法律的保障性，在产生电子证据后，需将其中产生的电子签名传输给合作的法律证据鉴定中心存档。当需要出示电子证据时，只需将未被篡改的原电子文档提供给法律证据鉴定中心。法律证据鉴定中心可调出存档的电子签名对该电子文档进行验签，验签通过即可提供证据有效的法律鉴定书，形成完整的证据链。

2. 多银行共认的企业级电子签名

在企业级电子签名环境中，企业是一个组织，不应该用单独的签名来代表企业的意愿，应该通过规范的签名流程，收集组织授权的两至三名签名者针对同一个文档平行确认的电子签名。

例如，企业网银 U 盾就是由两至三个 Key 构成的，俗称"企业 Key"或"组织 Key"。如果只需一个 Key 就能代表企业的意愿，企业将很难管理，只能像管理公章一样，将电子签名 Key 交给专人进行保管。使用时要经过专用的申请审批流程，否则容易造成失控。

要成为表达企业意愿的"组织 Key"，企业应发布一份《公开声明》，确定"组织 Key"具体由哪两把或三个 Key 共同组成，注明 Key 的公钥，声明中公开告知"只有完整收集到所有'组织 Key'的平行签名，才能代表企业的意愿"。（需要注意"组织 Key"只与企业绑定，不能与个人绑定。）

如果要银行认可企业的"组织 Key"有效，则必须由银行作为发 Key 的见证人或发 Key 人，参与整个身份鉴定和发 Key、制 Key 的全过程，由银行在企业的《公开声明》上加盖专用的经过公示的鉴定人电子签名，并将鉴证后绑定企业组织关系的公钥记录到银行的签名验签库中，以备后续验签时使用（各银行各自维护签名验签库）。

如果要多家银行共认，并使企业的"组织 Key"能够在更多场景中使用，可由额外至少两家的合作银行对该企业的"组织 Key"进行二次鉴定，并在同一份《公开声明》上，平行加盖银行的鉴定人电子签名（见证人越多越好）。后续，所有与该企业开展电子化往来的相关方，无论是签订招投标、签订合同，还是开展金融信贷等企业实名授权事务，都可先获得一份由至少三家银行鉴定过的《公开声明》，拥有验签所需公钥信息后，即可与该企业开展在线的企业级交互。

若企业的"组织 Key"需要更换，可再次申请发 Key 流程，重新发布一份《公开声明》，并请额外至少两家银行进行二次鉴定。银行为了能杜绝自身的安全风险，会非常愿意处理这类事务（CA 的时间戳可保证有效启用时间，不会导致错乱，同时企业最好使用三个 Key，以提高管理的安全性）。

3. 企业级电子签名与网银 U 盾的区别

企业级电子签名是针对电子文档的法务级别的企业意愿表达，而网银 U 盾是银行处理企业的在线结算业务时提供的身份识别系统，实质是具有身份识别功能的数据加密通信的电子通道，并非针对电子文档的电子签名。

另外，企业进行电子签名的授权签名者或授权持 Key 人，与网银 U 盾的使用人是不一样的。网银 U 盾是给企业出纳和财务负责人使用的，而企业级电子签名是企业指定的专门处理业务的经办、主管和责任人使用的。

同时，企业的"组织 Key" 不应该是一家合作银行一套"组织 Key"，不应该局限在与银行之间的金融业务往来应用，应该广泛拓展用途，发挥巨大的价值，否则没办法将企业级电子签名大面积推广使用。

因此，将一家银行的网银 U 盾系统升级为企业级电子签名，并不适合。

4. 多银行共认是打开对公互联网的钥匙

多银行共认的企业级电子签名，实际上解决了企业电子实名制认证的互信问题，等于完成了企业的实名制鉴定过程，是真正能够打开对公互联网的钥匙。

当企业获得了银行业认可的"组织 Key"后，使用这一签名方式将对外发布和与外界往来的交互进行确认，就能够让所有相关方验证企业的真伪，并能确认是否是该企业真实有效的表达。因此，多银行共认的企业级电子签名就成了企业能够在线表达其真实意愿的通道，具备了能够验证其真实性的功能。

只有这样，才能保障企业在电子世界中进行实名且无法伪造的企业级交互，才能保障银行也认可这是企业在电子世界中真实合法的有效表达，从而营造银行敢于信任企业身份的对公互联网环境，使对公互联网成为银行金融体系直接参与的带有金融属性的互联网。

要建设这样一个庞大的系统，需要银行无偿地提供支持，需要涉及银行业务的应用场景。嵌入式供应链金融模式正是这样一个场景，由于需要高频次、多交易对手的企业法务确权，银行和嵌入的供应链公司为了降低操作成本、提高效率、减少人工负担，会非常愿意使用多银行共认的企业级电子签名来替代传统的公章确权。

一旦嵌入式供应链金融模式得到普及，涉及大规模的企业级用户，多银行共认的企业级电子签名就能得到普及。银行其实是这一体系的最大受益人，为了保证今后的企业金融能够顺利、安全、高效、低成本地开展，银行会不遗余力地推广这一机制，免费为此提供支持，并扩展自身的业务范围。

──── ● **小结** ● ────

计算机之父、英国数学家艾伦·图灵破解了对称加密体系，从此对称加密体系基本退出了历史舞台。互联网的诞生，催生了能够实现点对点信息交互的非对称加密算法，证书也成了浏览器的主要构件和基础，从而使互联网能够正常有序地进行通信。

互联网发展至今，在信息爆炸的背后，也带来了信息真伪难辨、信息质量参差不齐等问题，判断信息来源的真实性、准确性、合法性、有效性成为一大难题。如今人们对互联网上的信息信任度已大打折扣，如果连信任都缺乏就更谈不上信用了。缺乏信任和信用，互联网在对公领域的应用就很难深入。

要解决信用问题，必先解决身份的唯一性问题。企业在电子世界、互联网世界中，具有别人无法伪造的、公认的、可识别的、可溯源的发言身份，同时所发的信息也是经过组织合议确认有效、不可抵赖的官方表达，这样才能让企业拥有唯一的信息发布身份，才能解决在互联网世界中组织的身份唯一性问题。

二、可信的企业信用互联网

企业应解决身份识别问题，使自身能在互联网世界和电子世界中，具有不可伪造的、不可篡改的实名身份，不致产生信息来源的混淆和混乱。但企业更看重的是"如何在互联网世界中经营、拥有、获得一致认可的良好商业信用"，能长久地获得滋养和便利。

1. 互联网可以打破地域限制，但不应颠覆诚信

诚信是企业安身立命的基石，如果没有诚信，就同盗窃一样可耻。

传统的诚信经营，以诚信为本，日积月累赢得客户、伙伴和行业的尊重、认可与支持，从而使基业代代传承。

互联网打破了地域限制，企业可以借助网络的便利将业务拓展到全球。与此同时，诚信的价值观对企业的约束力却变得越来越弱，如何有效抑制失信、树立诚信成为互联网时代的一大难题。

另外，现代社会进步的速度不断加快，生存环境、市场环境、消费环境都在快速地迭代，技术和生产力在不断革新，企业发展模式、底层商业逻辑和企业管理模式都在不断地变化。

诚信文化是商业文明能真正行稳致远的灵魂与基石，在互联网时代更应得到传承与适应环境的调整，从而建立更有价值、更有说服力、更具约束力的企业信用评价体系，使诚信文化得以焕发生机，这样更有利于形成有信用、有诚信、实名的企业互联网，从而提高互联网商业文明的等级。

2. 带信用属性的企业互联网

法律是企业应该恪守的底线，扬善还需践行正确的价值观。唯有让信用良好的企业获得更多的发展机会和市场空间，才能让更多的企业建设自己的商誉，

爱惜自己的羽毛，否则将导致"守信者无尊重，失信者反受益"。

（1）企业存活率是营商环境的表现

据市场监督管理部门公布的数据，截至2022年，我国的中小企业已经超过4200万家，占全国企业总数的99.8%。另外，不算未正常经营的企业，每年倒闭的企业约有100万家，其中大都是中小微企业。注册的中小微企业，5年的存活率不到7%，10年的存活率不到2%。

企业存活率低有很多因素，也许是创立者自身的问题，但确实也存在企业相互挤压生存空间、恶性竞争等现象。

企业存活率低，一方面可以推陈出新，激励社会进步；另一方面则大大打击了创业积极性和投资积极性，银行服务实体经济的风险加大，致使银行更趋谨慎保守。

（2）建设企业信用评价环境，提高企业存活率

建设企业信用评价环境，是有效减少恶性竞争的方法之一。只有建立多角度、真实有效、公平公正的企业评价体系，才能让市场广泛接受和运用，且评价信息的主要来源，应是基于企业历史交易数据所统计的客观性评价，而非人为的主观评价。

单一来源的信用评价体系并不是最可靠、最可信的，需要建立与该企业有业务往来的多领域、多角度的第三方评价。客观性的统计数据评价和交易对手评价，可以解决身份不对等造成的信用评价真实性和公平性欠缺问题，特别是避免弱势企业评价占主导地位的企业、供应商评价大客户时存在的避重就轻现象。

评价不应只面向中小企业，应从多角度对大企业进行信用评价，从而遏制大企业以大欺小，减少大企业基于强势身份积累的隐性负债，避免大企业产生影响较大的系统性风险。

（3）通过信用企业植入银行信用，使之成为评价数据与金融投放的关键

在企业信用互联网中，将嵌入的供应链公司植入产业链中的交易环节，不仅能解决上下游流动资金供给问题，还能产生可统计的交易数据，谁能及时获知上下游产业链中的企业履约状况。

另外，嵌入的供应链公司与大企业身份对等，为保证自身的银行信用安全和业务安全，一旦发现大企业有失信与违约的苗头，会及时采取各种措施，启动自我保护机制，从而在对大企业履约信用的监督方面起到良好的监督作用。

————● 小结 ●————

除建设物联网外，以企业为单位具有商业属性的信用互联网也是重要的方向。企业信用互联网是能大幅推动商业进步的网络化结构，不仅保持了诚信为本的商业文化传统，还能大规模引入银行参与及推动实体经济的发展，真正成为有价值的企业信用的开发平台。

企业在互联网上的电子化实名制是企业信用互联网的基石，嵌入的供应链公司是支撑并引入银行金融力量的载体，嵌入式供应链金融模式是能架设企业信用互联网、推动企业电子化实名制的应用场景。

三、助力经济增长、控制通货膨胀的金融科技

用国内生产总值（GDP）除以年度广义货币供应量（M2）可以看出社会的货币利用率。这个比值能够反映全社会货币利用率、金融资产流动率、金融市场的深度与广度等，是衡量社会金融活动充分度与饱和度的重要指标。

1. 浅析 GDP 与 M2 的关系

GDP 和 M2 之间并非直接的因果关系，因为，并不是 M2 的增加就能带来 GDP 的直接增长；同样，GDP 大幅度增长，M2 并非一定增加。

GDP 增速如果低于 M2 增速，那么货币过于充盈就会存在一定的通货膨胀压力；如果 M2 的增速低于 GDP 的增速，则有可能存在货币供应不足的风险。如果 M2 的增速过快，且很好的产业投资渠道少，那么释放的流动性货币就很难直接进入实体经济，也就很难直接产生提振和刺激经济发展的作用。

GDP 要获得良好的能效（利润贡献度）有两个途径：一是增加企业的单位合同利润率；二是提高业务周转率，缩短业务周期，增加复利的收益。两者都能增加利润，后者则既增加了利润还提高了效率。

如果能在提高社会资金的周转率和利用率上做文章，那么使用同样规模的货币对 GDP 增长的正向刺激就更大。更准确地说，货币的利用率或周转率更高，创造同等规模的 GDP 所需的货币总量就更少。

2. 广义货币周转率与银行金融资产交易率的关系

M2 好比一个大池子，池子里的水给需要资金的对象后形成金融资产。而广义货币周转率是池子里的水全年循环使用的次数。

如果能提高货币流通的速度，就意味着池子里的水能够被多次循环利用，也就可以大幅度地减少流动性释放的需要和依赖，从而减轻通货膨胀的压力。

银行将库存的"金融资产"根据资产等级进行打包，快速转卖给其他需要资产的金融机构，或将其转变成理财产品出售给理财投资人，就可以快速回笼货币，并即刻产生利息差额收益（比如 4% 利息收益的信贷资产按 3% 转卖给其他金融机构，即可产生出 1% 的利息差额收益），如此可大幅提高银行的资金利用率，从而增加银行的复利收益。案例 7-2 有助于理解这一道理。

案例 7-2

房贷按揭合同

人们在按揭购买商品房时，如果向银行申请的房贷合同是 20 年期的，年化利率为 4.5%，总额共计 200 万元。待银行放款后，200 万元给了房地产开发商，相当于向社会投放了 200 万元，而对应的房贷合同就是银行的金融资产。

如果银行将这一份金融资产锁在仓库里不进行交易，就要等 20 年才能完整收回本息，完成合同。这意味着 200 万元变成了 20 年的合同锁在仓库里，需要等 20 年合同才能结束，而这一笔资金相当于被占用了 20 年。

如果银行将同类型的金融资产合并打包，比如将合并后总额为 30 亿元的房贷合同，一起打包出售给另一家存款较多、缺乏金融资产的银行，或者转变成年化收益率为 3.5% 的理财产品，销售给需要理财的投资人，那么银行投放的本金即可立即收回，可以用于补充新的房贷合同所需投放的货币规模，而且，每年还能赚取大约 1% 的利息差作为底层资产的管理费。

案例 7-2 所述的金融资产打包是金融资产结构中的第一层资产包，并没有进行多层级打包，不会产生多米诺骨牌效应，属于可控的金融杠杆。

要提高广义货币的利用率和周转率，直接的方法是提高银行等金融机构的库存金融资产交易率，而影响这一交易率的因素是金融资产的交易周期和交易成本。

传统的金融资产交易方式是"纸质的金融资产组包＋评级公司评估＋律师法律鉴定"组成的，而纸质的金融资产组包时，银行需要投入大量的人力、物力进行底层资产的清理与核查，提供各种相关的证明材料；评级公司也需要投入大量的人力、物力对底层资产进行清查评定，其评定的结果基本决定了资产的价值和价格谈判结构；律师需要对各底层资产进行合法性和有效性的鉴定，从而需要投入大量的人力、物力。

这一交易过程不仅费时、费力，而且成本高、周期长，提高了金融资产的交易门槛，从而大大抑制了金融机构将库存金融资产进行交易的积极性。

不难理解，假设一家银行的资产规模巨大，意味着其库存的金融资产基本不怎么交易，如果其金融资产的规模逐年增加，说明其金融资产不仅没有大量交易兑换流动性，而且还在不断地累积金融资产。

换个角度来看，缩短金融资产的交易周期，提高金融资产的交易率，就可以间接提高货币的社会流动率。例如金融资产的交易周期是 3 个月，并且库存金融资产的交易比例不断提高，那么其年度流动率最高就可以达到 4 次／年。如果全国的金融资产交易比例能够逐步提高，就能提高货币的社会利用率。

3. 关于提高货币利用率与金融科技创新的思考

如果银行在形成底层金融资产时，都是单笔、透明、可交易的电子数字化金融资产，那么就可以大幅降低金融资产的交易成本，大幅降低交易的门槛，大幅提高库存金融资产的交易率，大幅缩短交易的周期。底层金融资产的数字化创新具有巨大的潜力和现实意义，于国于民都十分有价值。

企业金融领域的数字化资产，应该是由"有信用来源、企业实名制不可抵赖、具备法律保障、可融资的业务交易"合并产生的单笔、非池化的信贷资产，这种信贷资产才称得上是"可交易的企业金融数字资产"。

这样的金融资产能进行各种形式的组包，比如按还款来源的信用级别、按还款周期、按利率水平等进行组包。单笔金融资产组包后，可以随时根据需要对资产包进行拆分、重组或单笔内容置换，以大幅提高金融资产的可交易性和可维护性。

同时，在多银行共认的企业电子实名制环境下产生的金融资产，在组包时能迅速通过内部查验、评级公司的评级定级、律师法律鉴定，甚至可以实现自动化处理。这样就能大幅降低为了实现交易所产生的中间成本，大幅提高交易的效率、缩短交易周期，使金融资产在形成后即可小金额、小批量进行组包交易，降低规模交易门槛，使银行从拉存款、放贷款的经营模式，逐步转变为专业化打包有价值金融资产的金融机构。

—————● 小结 ●—————

金融科技创新是能使银行改变生存方式和盈利结构的重要途径，多银行共认的企业电子签名就是其中很有价值的底层技术之一。该技术不仅能防范银行金融风险，降低风控成本，还能成为可交易的数字化金融资产，值得深入研究和探索。

金融市场是指货币、股票、债券等金融资产交易和流通的市场，是现代经济的重要组成部分。一个发达的金融市场可以促进货币资金的流动和配置，提高资本效率和企业效率，为经济发展提供有力支持。

第二节　区块链应用于对公领域，必须跨越对私属性

区块链是一种由"没有防火墙的特殊数据库"和"不被干扰能自动运行的程序"组合在一起的技术结构和运转系统，这种特殊的技术结构是为了保证虚拟货币能在无人化环境中自动运转。从一开始，区块链和虚拟货币就是基于对私的逻辑和结构设计的。因此，要想将区块链应用于对公领域，就必须解决在对公应用中的障碍，并且保持区块链存在的优势，只有这样才可能发挥出这一技术结构的巨大潜力。

一、区块链应用于对公领域的缺陷

区块链整体结构设计都基于个人应用，要将区块链应用于对公领域，需要分析和梳理在对公应用中的问题和障碍。

1. 对公应用不能匿名

在对公应用中，企业和单位不能以匿名身份出现，彼此之间也不能在不知道对方是谁的情况下交换信息。而区块链的核心是去中心化（不属于任何团体），在去中心化的环境下，企业如何才能实名制参与就成了问题。下面举例说明，这样读者更容易理解实名制在对公应用中的必要性（见案例7-3）。

案例 7-3

社会公益区块链方案运行障碍分析

2016 年年初，某知名的互联网公司发布了一个社会公益区块链方案，希望通过区块链技术，建立一个去中心化、自动运行的社会捐赠环境。其

中包括"希望工程""医疗救护"等板块,"希望工程"板块专门用于帮助失学辍学的孩子,"医疗救护"板块专门用于帮助因经济问题而无法接受医疗服务的人们。

捐赠人和捐赠对象均开设支付宝或微信等第三方支付账户,捐赠人将捐赠款转入捐赠账户中,选择捐赠板块后,区块链自动检索合格的捐赠对象,根据捐赠对象的捐赠金额需求,组合相应的金额实施捐赠。

在社会捐赠领域这确实是一个好方案,但问题就出在实名制上。在"希望工程"板块中,对合格受让人具有评定资格的是学校和民政部门,而非某个匿名的老师或个人;在"医疗救护"板块中,则是医院和社保部门,而非匿名的医生。这就意味着医院、学校、民政部门和社保部门不能是匿名的组织,要有机制证明其身份真实有效,其才能成为合格的评定人。因此,只要有身份造假的空间,捐赠款就有可能被骗取。

既然有对公的组织和单位参与,就必须要有实名的机制来保证这些组织和单位的真实性,否则很难树立公信力。

2. 账户管理需要有组织管理环境

对私应用的区块链用户是个人,只需要一个账户密码就能进行管理。但在对公应用中,账户中的数据是组织共有资产,并非个人资产,组织需要有能够管理账户的环境,这样才能保证组织共有资产的安全可控(见案例7-4)。

关于账户的管理问题

各种账户里的资金就是人们常用的一种电子化资产，支付宝、微信就是对这种资产进行收付结算的代表应用。由于刚开始的目标用户是个人，设计师没有针对企业用户预留相应的账户管理结构，至今这些应用仍然是一个账户对应一个操作身份，这意味着这个身份能够独自对账户进行全权管理，可在各种结算终端完成身份识别后对账户里的资金进行支付或转账。

对个人用户而言这无疑是非常方便的，但当用户变成企业，问题就来了。比如用户是电商企业，由于只有一个操作身份，管理者要充当出纳，处理退货退款等账户结算事宜。可是对于大电商企业而言，其在多个电商平台开店且拥有多个账户，使用对私的账户管理方式管理企业资产无疑是一场噩梦。而且很多大的电商企业并不是独资企业，账户里的资金是股东们的共同财产。

这就是为什么银行在企业网银中设置经办、复核、审批三个身份来管理企业账户，超过两个身份分工管理、相互制约的账户管理结构，其安全等级更高，只有这样的账户管理结构才能满足企业对电子化资产的管理要求。

现实中的对公应用，一般有两到三个用户及相应的密码对账户中的资产进行管理，以防止由个人管理组织资产的风险。因此，要么是个人在监督下授权操作，要么是组织走流程审批，这样才能有效保障组织资产的安全。

区块链如果要应用于对公领域，需要将账户的管理结构调整为企业级应用结构，否则企业账户中的数字资产或有价值信息很难被管理。

3. 账户丢失不可找回，包括历史数据

现实生活中，遗忘银行卡密码，可以到银行柜面，通过身份鉴定与识别后，由银行作为中心化组织，帮助用户重置密码，找回账户中的资产。可区块链是去中心化的应用，意味着一旦遗忘账户密码，将没有任何机构可以帮助恢复与找回账户。在对公应用中，操作人员可能会造成账户彻底丢失无法找回的情况，这种管理组织资产的方式是极不安全的，也是组织无法接受的。

如果没有有效的机制能够解决这些问题，区块链应用于对公领域依然会存在较大的障碍。

———— • **小结** • ————

要想在对公领域应用区块链，不能仅站在对私的结构和认知上考虑其应用场景，而需要进行一些适应性的调整和改造。

二、展望对公区块链

既然了解了区块链应用于对公领域存在的障碍和问题，就可以有针对性地找到解决方案。

1. 企业实名验证区块链

区块链应用于对公领域，首先需要在去中心化的环境中，确保企业或组织的身份能够被识别、被确认，不会有机会造假，同时要能支持其账户和账户中的历史数据皆可找回。

本书第七章第一节详细探讨了多银行共认的企业实名制电子签名的逻辑，企业、组织或机构可以通过线下的方式，在银行鉴定并参与的环境下，实现身份的鉴别，开通银行共认的企业级电子签名，并且，所有与之往来的单位或个人都可以通过经多家银行鉴别过的《公开声明》中公示的公钥来鉴别企业在互联网、电子世界的真实身份，从而企业可以使用这套电子签名 Key 在互联网、电子世界中表达意愿。

另外，若企业的电子签名 Key 丢失或者证书到期需更换，可以通过重启多家银行鉴别开通的流程，并使用开通新 Key 时 CA 提供的时间戳来区分历史 Key 和新 Key，产生新的经过多家银行鉴别的《公开声明》，在互联网、电子世界中更新身份。

可以基于这一逻辑，设计开通一个专用的区块链，专门用于企业在各种区块链中的身份识别，成为今后各种对公区块链开发企业级应用的底层基础设施。

该企业实名验证区块链是所有对公区块链组织账户开立的统一来源和入口，类似中心化软件世界中的统一登录平台，可成为各区块链系统共用的企业和组织登录其账户的入口。

该企业实名验证区块链可以嫁接在嵌入式供应链金融模式的所有参与者所

提供的软硬件环境中。随着流动资金供给在实体产业中的普及，会有更多的金融机构和其他企业参与其中。

参与者为了能保证在线安全地开展相应的金融业务，需要频繁地进行企业实名制鉴别和验证，本就需要为此提供 IT（信息技术）设备和网络资源，因此该企业实名验证区块链具有充分合理的使用场景。

2. 时间区块链

具有约束性、不可抵赖、负责的企业意愿表达，是企业间商业活动的基础。使用传统公章会出现"克隆章""假章"的问题，而且，使用传统公章进行的企业意愿表达的场景是非常有限的，特别是在互联网时代，线下运行的传统公章逻辑制约了高效、高频的企业交互。

在全球化贸易、全球化大分工的大背景和大趋势下，探索如何通过电子化的企业意愿表达实现交互，促进企业间的商业活动，是一件非常值得思考的事情。

（1）互联网时代全球化贸易的企业交互

具有一定科技水平的国家，大都有独立的、一定数量的 CA 和单独的法律支撑框架。其中，每一个 CA 都有自己的加密算法和与之合作的 RA，同时，每一个 CA 都有独立运行的时间戳。在这样的电子签名环境中，建立全球化银行共认的企业级电子签名，是一件非常困难的事情，只有找到需求和应用的王牌场景，才有可能逐步实现。

如果能推出全球主要银行都认可的企业级电子签名，就能有效地解决全球企业交互的很多问题。

①统一企业意愿表达的习惯性差异。

我国的企业交互习惯使用公章，而其他国家，大部分企业交互习惯使用企业法定代表人个人的手写体签名。如能有全球主要银行共认的企业级电子签名，就能有效统一这些不同的习惯。

②提高互信与沟通效率。

国际的商业沟通，较难度过的是企业间的互信阶段，这个阶段首先存在对企业真实身份的怀疑，其次存在对企业意愿表达的真实性、可靠性、有效性的怀疑。这个阶段的沟通障碍较多，大大降低了交易的成功率。如能有全球主要银行共认的企业级电子签名，就能轻易解决这些障碍，提高国际商业沟通效率，提高商业的成功率。

③降低企业交易的门槛。

在目前的国际贸易体系中，交易基本基于信用证或现款现货，但是这些方式门槛高、成本高，影响了成交比例。如果能启用基于电子确认的跨境双保理模式，引入银行和供应链公司，就可以大幅降低中小规模、高频次的跨境贸易的交易难度。

也就是说，在互联网时代的全球化贸易和全球化大分工的进程中，要建立支撑企业间互信和高效沟通的基础设施，从技术上要探索如何打通各国电子签名的互认互通；从结构上需要探索一种运行结构，形成对企业级电子签名的互认互通；从金融上需要设计不同国别的银行共同参与、相互支持的对企业进行身份鉴定的架构；从法律上需要形成有约束力的合作框架。

（2）全球化合作银行共认的企业级电子签名

可以考虑建设在互联网上进行企业间电子化交互的"全球化合作银行共认的企业级电子签名"。

从运营结构上看，该签名与多银行共认的企业级电子签名基本是一致的，都经过银行鉴定后完成发 Key 和制 Key，最终形成《公开声明》的过程，请参考第七章第一节。

从技术上来说，不可能要求其他国家的银行均认可和使用某一个 CA，所以会产生 CA 互认的问题。

从法律上来说，不仅要构建电子签名法律合作的框架，还需要形成具有证据有效性的法律鉴定环境，不可能将所有的电子证据仅保存在一个国家或一个国家的法律证据鉴定机构中。

（3）用时间区块链建立 CA 互认通道

CA 互认的目的是在不同 CA 算法体系下，形成法律证据的有效性互认，也就是将产生证据的时间戳对应起来。

即在不同的 CA 中，在证据产生时都要申请 CA 的时间戳来证明证据的有效性。

要实现 CA 互认，从算法的角度看是不可能的。因为 CA 算法是 CA 的核心机密，不可能从 CA 本身实现互认，只能从产生的证据实现互认。

可以设计一个时间区块链，每一个区块中的内容都是向各 CA 申请的时间戳，将这些时间戳放在同一个时间的关联结构包中，就可以证明不同 CA 所产生的证据在时间上的相关关系，从而实现不同 CA 对产生的证据的互认。

———• 小结 •———

区块链是一种能够帮助企业实现互信的特殊机制，如果仅仅停留在解决接口类的应用场景中，还不足以发挥其巨大的价值。若能解决区块链在对公领域、信用互联网领域、国际贸易领域出现的障碍，其可以发挥出巨大价值。

结束语

很多技术的应用，需要场景来推动，而嵌入式供应链金融模式一旦能够大面积推广和应用，将会出现一个由巨大社会需求推动的、具有金融力量的、有众多参与者的场景。这种场景可以推动形成很多的数字化基础设施，成为建设数字化社会的重要发力点。

笔者希望本书能为面对巨大发展挑战、不断前进的祖国贡献一些有价值的研究成果，也为不断坚持的、为建设祖国而努力的各界有识之士贡献一些浅见，不成熟、不完善之处还请海涵。